lonely planet

OSLO

EN QUELQUES JOURS

Donna Wheeler

Dans ce guide

L'essentiel

Pour aller droit au but et découvrir la ville et ses environs en un clin d'œil

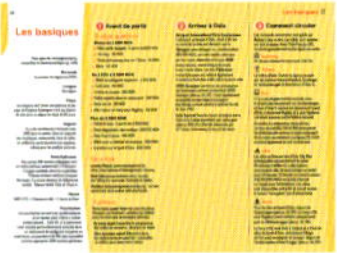

Les basiques
À savoir avant de partir

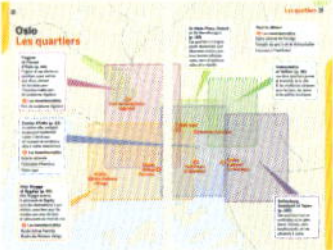

Les quartiers
Se repérer

Explorer Oslo

Sites et adresses quartier par quartier

Les incontournables
Pour tirer le meilleur parti de votre visite

100% Oslo
Vivre comme un habitant

Oslo selon ses envies

Les meilleures choses à voir, à faire, à tester...

Les plus belles balades
Découvrir la ville à pied

Envie de...
Le meilleur d'Oslo

Carnet pratique

Trucs et astuces pour réussir votre séjour

Hébergement
Une sélection d'hôtels

Transports et infos pratiques

Notre sélection de lieux et d'adresses :

- Voir
- Se restaurer
- Prendre un verre
- Sortir
- Shopping

Légende des symboles

- Numéro de téléphone
- Horaires d'ouverture
- Parking
- Non-fumeurs
- Accès Internet
- Wi-Fi
- Végétarien
- Familles bienvenues
- Animaux acceptés
- Bus
- T-bane
- Tramway
- Train

Retrouvez rapidement chaque adresse sur les plans de quartier :

Oslo
En quelques jours

Les guides *En quelques jours* édités par Lonely Planet sont conçus pour vous amener au cœur d'une ville.

Vous y trouverez tous les sites incontournables, ainsi que des conseils pour profiter de chacune de vos visites. Nous avons divisé la ville en quartiers, accompagnés de plans clairs pour un repérage facile. Nos auteurs expérimentés ont déniché les meilleures adresses dans chaque quartier : restaurants, boutiques, bars et clubs... Et pour aller plus loin, découvrez les endroits les plus insolites et authentiques dans les pages "100% Oslo".

Ce guide contient également tous les conseils pratiques pour éviter les casse-tête : itinéraires pour visites courtes, moyens de transport, montant des pourboires, etc.

Grâce à toutes ces infos, soyez sûr de passer un séjour mémorable.

Notre engagement

Les auteurs Lonely Planet visitent en personne, pour chaque édition, les lieux dont ils s'appliquent à faire un compte rendu précis. Ils ne bénéficient en aucun cas de rétribution ou de réduction de prix en échange de leurs commentaires.

L'essentiel 7

Explorer Oslo 21

Vaut le détour :

DNB
Schweigaards gate 15B
POLITI
Utlendingsavsnittet

L'essentiel

Bienvenue à Oslo

Superbement située, entre mer et montagnes, Oslo est une ville compacte, chaleureuse, animée, ludique, avec une vie culturelle bouillonnante. C'est une des capitales européennes qui se développe le plus rapidement en ce moment. Bâtiments avant-gardistes, gastronomie néo-nordique, art contemporain, concerts,... Oslo est en plein essor et attire de plus en plus de monde.

Les tours du projet controversé Barcode, dans Bjørvika (p. 126)
DIGITALMAMMOTH/SHUTTERSTOCK ©

Oslo
Les incontournables

Opéra national de Norvège (p. 48)

Un chef-d'œuvre de l'architecture contemporaine norvégienne.

alerie nationale (p. 24)

· *Cri* de Munch et bien d'autres tableaux...

Palais royal (p. 28)

Un bel édifice dans un parc superbe.

PAULO MIGUEL COSTA/SHUTTERSTOCK ©

Forteresse d'Akershus (p. 26)

Histoire militaire et vue splendide sur le fjord d'Oslo.

Musée Astrup Fearnley (p. 52)

Des grands noms de l'art dans un bâtiment signé Renzo Piano.

usée des Bateaux vikings

). 54) Trois navires vikings
une longue histoire...

Parc de sculptures Vigeland

(p. 66) Le cycle de la vie illustré par 200 sculptures. *Monolithe* de Gustav Vigeland

FRITZ16/SHUTTERSTOCK ©

remplin de saut à ski de Holmenkollen (p. 80)

ne mascotte architecturale qui domine la ville telle une promesse
e bons moments dans la neige...

100% Oslo
Vivre comme un habitan

Conseils d'initiés pour découvrir le vrai Osl

Oslo est une ville calme mais à la vie culturelle intense, avec des soirées trépidantes une scène artistique en pleine effervescence, d'excellents restaurants... et la nature à deux pas ! Les habitants savent prendre du bon temps et sont fiers d'avoir accès aussi facilement au grand air qu'aux nourritures de l'esprit.

TRABANTOS/SHUTTERSTOCK ©

La tournée des bars du centre-ville (p. 30)

☑ Il est facile d'aller à pied d'un lieu à l'autre
☑ Tous les bars sont ouverts très tard le soir

Promenade dans Frogner (p. 70

☑ Des sculptures à en avoir le tournis
☑ Dolce vita à la norvégienne dans l'ouest de la capitale

irée alternative à Grünerløkka (p. 84)

☑Galeries avant-gardistes ☑Les meilleurs bars et cafés de la ville

alade dans les quartiers est (p. 104)

☑Rues historiques ☑Ambiance cosmopolite

Autres lieux pour vivre l'Oslo des Osloïtes :

La magie de l'hiver (p. 34)

Sur les toits (p. 42)

Le si discret passage Strøget (p. 44)

Pour les fashionistas (p. 46)

Shopping au bord de l'eau (p. 58)

À l'ouest ! (p. 77)

Festival rock (p. 78)

Dans un conte de fées (p. 89)

Une journée au parc (p. 93)

Épicé et à emporter ! (p. 110)

Oslo
En 4 jours

1er jour

Commencez la journée avec *Le Cri* d'Edvard Munch à la **Galerie nationale** (p. 24), puis suivez Nedre Slottsgate et traversez le plan en damier du quartier de Kvadraturen (XVIIe siècle) jusqu'à la **forteresse d'Akershus** (p. 26). Là, vous pourrez vous balader et admirer le superbe point de vue sans débourser une couronne.

À l'heure du déjeuner, cap sur **Pipervika** (p. 60), au bord de l'eau, pour un festin de poissons et de fruits de mer. Ensuite, le ferry vous emmènera sur la jolie péninsule de Bygdøy où vous pourrez passer l'après-midi en compagnie des trois navires du IXe siècle exposés au **musée des Bateaux vikings** (p. 54).

Réservez ou arrivez tôt pour obtenir une table au **Sentralen Restaurant** (p. 37), et régalez-vous avec des petites assiettes néo-nordiques et d'excellents vins à des prix restant parmi les plus accessibles de la ville. Terminez par une tournée des bars de Youngstorget et des rues autour : cocktails au **Himkok** (p. 43 ; porte sans enseigne), groupes indé au **Mono** (p. 31) ou bien l'**Angst** (p. 31), dans une ruelle.

2e jour

Visitez le **musée Ibsen** (p. 34), installé dans la maison où le dramaturge Henrik Ibsen vécut les dernières années de sa vie. Ensuite, faites un tour dans le **Slottsparken** (p. 34) et inscrivez-vous à une visite du **Palais royal** (p. 28). La **galerie d'art de la reine Sonja** (p. 34), aménagée dans les anciennes écuries royales, vous assurera une bonne dose d'art contemporain.

Déjeunez d'une pizza, un plat que les Norvégiens adorent, dans le bel édifice de style fonctionnaliste du **Kunstnernes Hus** (p. 119), en bordure de parc. Puis traversez de nouveau la ville jusqu'au front de mer et marchez le long d'Akker Brygge jusqu'à la presqu'île de Tjuvholmen. Là, vous pourrez admirer la fabuleuse collection d'art contemporain du **musée Astrup Fearnley** (p. 52), puis celle du **parc de sculptures de Tjuvholmen** (p. 57), pas très loin.

Rendez-vous ensuite au **Vingen** (p. 60) et dînez dans un cadre cool, avec une superbe vue. C'est un des meilleurs bars à cocktails de la ville, alors profitez ! Puis reprenez votre chemin jusqu'au **Fuglen** (p. 119) pour d'autres cocktails et une excellente bande-son, avant un dernier verre plus tranquille sur la terrasse du **Tekehtopa** (p. 118).

Votre temps vous est compté ?
Nous avons concocté pour vous des itinéraires détaillés qui vous permettront d'optimiser le peu de temps dont vous disposez.

3e jour

Grimpez sur le toit du spectaculaire **Opéra national de Norvège** (p. 48) pour apprécier ses beaux détails architecturaux mais aussi le panorama. Pénétrez ensuite à l'intérieur du bâtiment pour une **visite guidée** (p. 49). Un rapide trajet en tramway vous mènera de la gare centrale à Grünerlokka.

Composez-vous un déjeuner varié au **Mathallen Oslo** (p. 89), puis baladez-vous dans le quartier de Vulkan. Traversez l'Alkerselva pour rejoindre Grünerlokka et déguster un succulent café chez **Tim Wendelboe** (p. 94). Jetez un œil aux boutiques, puis direction le **musée Munch** (p. 108), où vous pourrez vous faire une idée de l'Oslo de la fin du XIXe siècle à travers le regard de Munch.

Goûtez au top de la cuisine néo-nordique et mélangez-vous avec les fins gourmets de la capitale au **Brutus** (p. 109), établissement phare de Tøyen. Vous testerez ensuite quelques bars dans Grønland, dont le **Pigalle** (p. 110) et le **Dattera Til Hagen** (p. 111). Retournez ensuite à Grünerlokka pour assister à un concert au **Parkteatret** (p. 98) ou danser sur la piste du **Blå** (p. 98).

4e jour

Slalomez entre les superbes statues de Gustav Vigeland sur le thème de la vie et de la mort au **parc de sculptures Vigeland** (p. 66), situé dans l'immense **parc de Frogner** (p. 70). Allez-y tôt pour profiter de la meilleure lumière, et avant la foule.

Prenez le tramway jusqu'à St Hanshaugen pour un déjeuner mettant les produits norvégiens à l'honneur, au **Smalhans** (p. 118). Repérez le **tremplin de saut à ski de Holmenkollen** (p. 80), qui surplombe la ville. Ou prenez le T-bane pour aller là-haut y découvrir le point de vue imprenable et visiter le musée du Ski.

Terminez la journée par un dîner résolument traditionnel à la brasserie **Olympen** (p. 110), dans Grønland. Traversez ensuite la voie ferrée et prenez un billet (debout, 100 NOK) pour un ballet ou un opéra : rien de tel pour s'imprégner de la magie de l'**Opéra national de Norvège** (p. 48). Regagnez ensuite le centre-ville pour faire la fête jusque tard dans la nuit.

Les basiques

Pour plus de renseignements, consultez le Carnet pratique (p. 143)

Monnaie
Couronne norvégienne (NOK)

Langue
Norvégien

Visas
Les citoyens de l'Union européenne et des pays de l'espace Schengen n'ont pas besoin de visa pour un séjour en deçà de 90 jours.

Argent
Il y a de nombreuses banques avec DAB dans le centre. Dans la majorité des boutiques, restaurants, bars et cafés, on préfère la carte bancaire aux espèces, même pour les petites sommes.

Smartphones
Des cartes SIM locales prépayées sont en vente partout, notamment à l'aéroport, à la gare centrale, dans les supérettes 7-Eleven et dans certains kiosques Narvesen. Il y a trois réseaux de téléphonie mobile : Telenor Mobil, Telia et Chess A.

Heure
GMT/UTC + 2 heures en été, + 1 heure en hiver

Pourboires
Les pourboires ne sont pas systématiques et en laisser peut même s'avérer embarrassant... Cela dit, si le personnel s'est montré particulièrement aimable dans un restaurant de catégorie moyenne ou supérieure, un pourboire de 5% sera considéré comme approprié, 10% comme généreux.

1 Avant de partir

Budget quotidien

Moins de 1 500 NOK

- Hôtel petits budgets : à partir de 800 NOK
- Hot dog : 30 NOK
- Ticket de tramway, bus ou T-Bane : 33 NO
- Bière : 45 NOK

De 1 500 à 3 000 NOK

- Hôtel de catégorie moyenne : 1 200 NOK
- Café *latte* : 45 NOK
- Entrée de musée : 100 NOK
- Petite assiette dans un restaurant : 130 NOK
- Verre de vin : 95 NOK
- Aller-retour en ferry pour Bygdøy : 65 NOK

Plus de 3 000 NOK

- Hôtel de luxe : à partir de 2 500 NOK
- Dîner-dégustation néo-nordique : 525-750 NO
- Oslo Pass 3 jours : 745 NOK
- Billet pour un festival de musique : 950 NOK
- Croisière sur le fjord d'Oslo : 650 NOK

Sites Web

Lonely Planet (www.lonelyplanet.fr). Infos, réservations d'hébergement, forums...

Visit Oslo (www.visitoslo.com). Le site de l'office du tourisme. Complet et fiable.

Osloby (restaurantguiden.osloby.no). Un bon panorama de la scène culinaire locale.

À prévoir

Trois mois avant Réservez aux très chics Maaemo ou Kontrast ; achetez vos billets pour les festivals de musique estivaux.

Un mois avant Consultez le programme des salles de concerts ; réservez un hôtel.

Une semaine avant Réservez dans les restaurants de quartier ; consultez la météo pour faire votre valise.

2 Arriver à Oslo

éroport International Oslo-Gardermoen aéroport principal d'Oslo, situé à 50 km ı nord de la ville, est desservi par le **ytoget** (www.flytoget.no ; adulte/enfant 0/90 NOK), un train rapide, ainsi que ır les trains intercités et locaux **NSB** ww.nsb.no), moins fréquents mais ssi moins chers. Les bus **Flybussen** ww.flybussen.no) rallient également centre et font des arrêts dans toute la ville.

FDS Seaways Les ferrys en provenance ı Danemark arrivent au terminal DFDS eaways (plan p. 32, D7). Il est rapidement :cessible en taxi depuis la plupart es hôtels, et tout proche à pied de l'arrêt . bus n°60.

slo Sentral Tous les trains circulant entre slo et la Suède transitent par cette gare lan p. 106, A3). Elle est desservie par T-bane, le tramway, le bus et les taxis.

3 Comment circuler

Les transports en commun sont gérés par **Ruter** (ruter.no/en). Les billets sont valables sur tout le réseau. Avec l'Oslo Pass (p. 148), on circule gratuitement sur les lignes du centre.

Tramway

Un réseau étendu fonctionnant 24h/24.

T-bane

Le métro d'Oslo. Toutes les lignes passent par les stations Nationaltheatret, Stortinget et Jernbanetorget (à destination d'Oslo S).

Bus

Il n'y a pas de gare routière centrale, mais la plupart des bus passent par Jernbanetorget, en face d'Oslo S. Les bus qui desservent l'ouest d'Oslo, notamment Bygdøy et le parc Vigeland, s'arrêtent aussi au sud du théâtre national.

En soirée, il y a beaucoup moins de bus. Les bus de nuit N12, N14 et N18 empruntent les itinéraires de tramway le week-end jusqu'à 4h du matin au minimum. Les lignes 201 à 218 circulent également de nuit le week-end.

Vélo

Les vélos en libre-service d'Oslo City Bike (oslobysykkel.no) permettent de rouler 45 minutes d'affilée. Il y a des stations dans toute la ville. On peut acheter un forfait pour 24 heures, 72 heures ou toute la saison (45/99/299 NOK) via le site Internet ou l'appli pour Smartphone. Les vélos sont disponibles entre 6h et minuit durant la saison "hors glace" (avril-décembre).

Ferry

Pour les îles du fjord d'Oslo, départ de Vippetangen (plan p. 32, D7). Le ferry n°91 pour Bygdøy (mars-octobre uniquement) part de Rådhusbrygge (plan p. 32, B5).

Le ferry n°62 relie Oslo à Drøbak et à d'autres sites du fjord d'Oslo, notamment Håøya, où l'on peut se baigner et camper. Départ de l'embarcadère d'Aker Brygge (plan p. 32, B5).

Oslo
Les quartiers

Frogner et l'ouest d'Oslo (p. 64)
Frogner et ses alentours, quartiers aussi calmes que chics, attirent les touristes pour l'incontournable parc de sculptures Vigeland.

Les incontournables
- Parc de sculptures Vigeland

Centre d'Oslo (p. 22)
Le centre-ville, compact, se parcourt facilement à pied. C'est là que se trouvent de nombreux sites à visiter absolument.

Les incontournables
- Galerie nationale
- Forteresse d'Akershus
- Palais royal

Aker Brygge et Bygdøy (p. 50)
Aker Brygge comme la péninsule de Bygdøy sont des destinations à part entière, aussi bien pour les musées que pour les bars et restaurants du front de mer.

Les incontournables
- Musée Astrup Fearnley
- Musée des Bateaux vikings

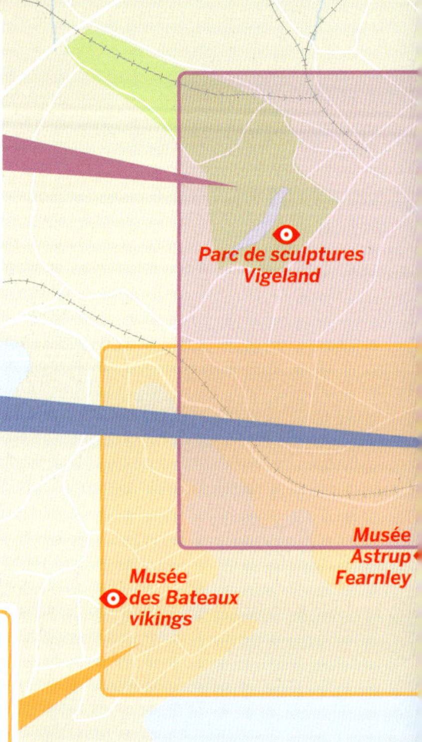

St Olafs Plass, Bislett et St Hanshaugen **(p. 112)**

Ces quartiers à l'origine plutôt résidentiels sont désormais connus pour leurs bonnes adresses : restos, bars et quelques cafés ultra réputés.

Vaut le détour

Les incontournables

Opéra national de Norvège

Tremplin de saut à ski de Holmenkollen

Excursion à Fredrikstad

Grünerløkka et Vulkan **(p. 82)**

Les deux quartiers jeunes et branchés de la ville. Et les meilleures adresses pour les bars, les restos et les petites boutiques.

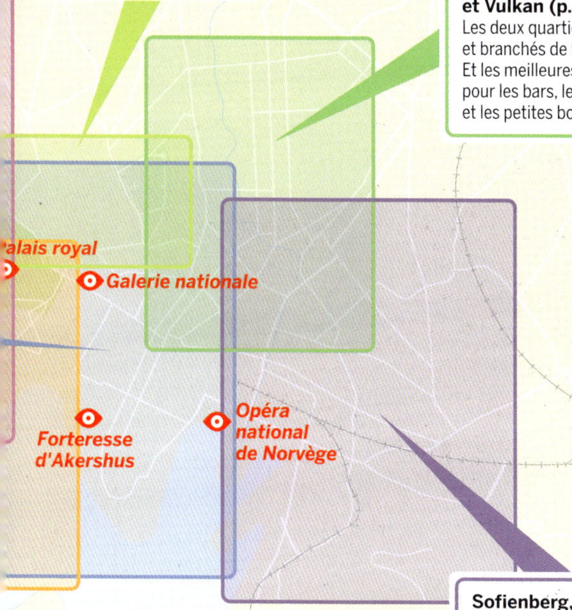

Sofienberg, Grønland et Tøyen **(p. 102)**

Des quartiers tout en contrastes et en plein boom. Animés, voire bouillonnants, et très plaisants à visiter.

Explorer Oslo

Vaut le détour

Le Rådhus (hôtel de ville, p. 36), dans Aker Brygge

Explorer

Centre d'Oslo

Le centre d'Oslo est compact, plein de charme et facile à visiter à pied. Son axe principal, Karl Johans gate, s'étire majestueusement d'est en ouest, entre la gare centrale et le Palais royal. La capitale norvégienne, dynamique et animée, n'en finit pas d'étonner ses habitants comme les visiteurs avec en permanence de nouvelles adresses où faire du shopping, se restaurer et prendre un verre.

L'essentiel en un jour

Commencez la journée par un face-à-face avec l'un des plus célèbres tableaux du monde, *Le Cri*, ainsi qu'avec nombre d'autres œuvres d'Edvard Munch à la **Galerie nationale** (p. 24). Offrez-vous ensuite un déjeuner au **Grand Café** (p. 37), dans l'enceinte du Grand Hotel.

Puis allez saluer la bien-aimée famille royale de Norvège au **Palais royal** (p. 28), un édifice néoclassique aux murs jaune pâle. En été, visitez le charmant intérieur du palais et la **galerie d'art de la reine Sonja** (p. 34), installée dans les anciennes écuries royales. Flânez dans le verdoyant **Slottsparken** (p. 34) et paressez sur la pelouse au bord de son joli lac, avant de visiter le luxueux appartement d'Henrik Ibsen au **musée Ibsen** (p. 34).

Rejoignez ensuite la **forteresse d'Akershus** (p. 26) et profitez de la vue sur le fjord d'Oslo, du château Renaissance et des autres merveilles de cette forteresse médiévale. Puis admirez l'architecture contemporaine du **Sentralen** (p. 30), passez devant le **Parlement** (p. 37) et l'**hôtel de ville** (Rådhus, p. 36), puis allez dîner au **Solsiden** (p. 40).

Pour vivre une journée 100% comme un habitant du centre d'Oslo, voir p. 30.

Les incontournables

100% Oslo

Le meilleur du quartier

Se restaurer

Prendre un verre

Comment y aller

T-bane Le réseau du métro d'Oslo se déploie à partir de la gare centrale.

Tramway La plupart des tramways font halte à l'extérieur de la gare centrale.

Les incontournables
Galerie nationale

La Nasjonalgalleriet, installée dans un bâtiment néoclassique, abrite la plus grande collection d'art du pays et couvre une large période allant de l'Antiquité à aujourd'hui. Cette belle collection comprend de beaux Lucas Cranach, d'honorables Picasso et même une délicieuse *Tête de jeune fille* de Camille Claudel. Mais c'est en général d'abord pour *Le Cri* que l'on vient ici.

Plan p. 32, C3

21 98 20 00

www.nasjonalmuseet.no

Universitetsgata 13

Adulte/enfant 100 NOK/gratuit

10h-18h mar, mer et ven, 10h-19h jeu, 11h-17h sam-dim

Tullinløkka

Le Cri

Bien sûr, vous n'aurez pas le plus célèbre tableau au monde (après *La Joconde*) pour vous tout seul. Cela dit, ici, rien à voir avec le Louvre : la vue n'est pas gâchée par un rideau de Smartphones, seule une vitre de verre sépare le visiteur du chef-d'œuvre et l'on fait juste un peu la queue à la billetterie... Bien que frisant le cliché à force d'être utilisée, cette représentation de la terreur existentielle signée Edvard Munch (1893) reste d'une puissance incroyable vue de près.

La salle Munch

La salle Munch a des allures de salon avec ses œuvres accrochées sur un fond bleu marine. Si la plupart des visiteurs gravitent autour du *Cri*, les autres toiles sont loin d'être négligeables, voire parfois encore plus intéressantes. Œuvre semi-naturaliste de transition, *Puberté* crée autant le malaise qu'en 1895, comme *La Madone*, d'un érotisme assumé. *Mélancolie* illustre l'extraordinaire capacité de Munch à transcrire les états psychologiques à travers les paysages. Face aux tableaux semi-abstraits plus tardifs du peintre, on oublierait presque le fabuleux talent de naturaliste de ce dernier, bien visible dans des œuvres comme *L'Enfant malade*.

Un "super musée" en construction

La Galerie nationale, le musée des Arts décoratifs et du Design, le musée d'Art contemporain ainsi que le musée national d'Architecture ont fusionné en 2003. Leurs collections seront regroupées dans le futur Musée national, dont l'inauguration est prévue en 2020. Installé près de l'hôtel de ville (Rådhus), ce "super musée" conçu par le cabinet d'architectes Kleihues + Schuwerk constituera un pont naturel entre les nouveaux quartiers aménagés au bord de l'eau et le centre-ville.

☑ À savoir

▸ Ne vous contentez pas d'admirer *Le Cri*, prenez votre temps et profitez de l'ensemble de la collection.

▸ Visitez la Galerie nationale avant qu'elle n'emménage dans son nouvel écrin moderne – l'intérieur de l'actuelle bâtisse néoclassique est magnifique.

Une petite faim ?

Rendez-vous au Fuglen (p. 119) pour un café et une pâtisserie avant la visite, ou pour un cocktail post *Cri*. Pour une bière, filez au Røør (p. 44), à quelques rues.

Les incontournables
Forteresse d'Akershus

L'Akershus Festning est l'emblème de la ville depuis sept siècles. Cette imposante forteresse du XIIIe siècle est l'incontournable des circuits touristiques, bien plus encore que ses "jeunes" rivaux, l'Opéra et le tremplin de saut à ski de Holmenkollen. Cet ensemble architectural est l'endroit idéal pour imaginer le passé de la ville, profiter de la superbe vue sur le fjord et visiter plusieurs musées très intéressants.

Plan p. 32, C6

Gratuit

6h-21h

Christiania torv

La forteresse

Quand Oslo devient la capitale de la Norvège en 1299, le roi Haakon V ordonne l'édification d'une forteresse pour protéger la cité des Suédois. L'endroit est surtout connu pour avoir été la résidence de Marguerite Ire, qui épousa Håkon VI en 1363, puis devint reine à part entière. Agrandie et remaniée maintes fois, la forteresse a toutefois conservé des vestiges de la structure médiévale. La visite du site, qui comprend plus de 60 bâtiments, peut prendre une bonne demi-journée.

Le château

Derrière la façade médiévale d'Akershus Slott (p. 36) se cache un palais du XVIIe siècle. Bâti sous Christian IV, le château d'Akershus est un magnifique exemple de la Renaissance nordique. La chapelle mêlant panneaux peints et marbre gris est superbe. L'église renferme le mausolée de l'actuelle famille royale.

Musée de la Résistance norvégienne

Ce musée (p. 34) se dresse à côté d'un mémorial des résistants exécutés ici durant la Seconde Guerre mondiale – la forteresse d'Akershus servit de base militaire et de prison aux nazis. Documents, objets et panneaux relatent l'histoire de l'occupation de la Norvège et du rôle de la Résistance.

Visite guidée

De jeunes guides enthousiastes en costumes d'époque assurent des visites guidées en anglais et en norvégien. Leurs explications ponctuées d'anecdotes enrichissent la visite. Deux circuits thématiques sont proposés : l'un, consacré à la construction de la forteresse et à ses utilisations militaires ; l'autre, axé sur la période de 650 ans où la forteresse, alors surnommée Slaveriet (l'Esclavage), servit de prison. Tous deux partent du centre d'accueil des visiteurs.

À savoir

- De mai à septembre, un défilé des gardes, en musique, a lieu tous les jours à 13h.
- Si vous croyez aux spectres, gardez votre détecteur de fantômes à portée de main.
- Les amateurs de chevaux pourront admirer sur le site des membres de la police montée d'Oslo.

Une petite faim ?

Dégustez une part de gâteau et un café au musée des Forces armées (Forsvarsmuseet). Le Grosch (p. 41), doté de jolies voûtes, se trouve juste à l'extérieur de la forteresse.

Les incontournables
Palais royal

Demeure des têtes couronnées de Norvège depuis 1905, le Palais royal (Det Kongelige Slott) norvégien est certainement une des résidences officielles les plus accessibles de la planète ! On peut faire un tour des murs, visiter les salles datant du XIXe siècle, et puis se prélasser au cœur du verdoyant Slottsparken.

Plan p. 32, A3

81 53 31 33

www.royalcourt.no

Slottsparken 1

Visite du palais tarif plein/ - 18 ans 135/105 NOK

Visite guidée à 12h, 14h, 14h20 et 16h juin à mi-août

Slottsparken

Le palais

Installé au sommet d'une colline baptisée Bellevue, en haut de Karl Johans gate, cet édifice néoclassique jaune pâle, mêlant brique et stuc, est assez austère. Ses salles de réception sont le reflet des époques successives du chantier de construction, qui dura 25 ans. La salle de l'Oiseau, une des plus charmantes, sert encore d'antichambre du roi. Elle date de 1843 et est une bonne illustration du nationalisme romantique, qui célèbre la nature et le folklore.

Le parc

Le Slottsparken (p. 34), qui entoure le Palais royal, est un des plus vastes et des plus anciens parcs d'Oslo. L'ambiance y est étonnamment champêtre, entre prairies verdoyantes et arbres majestueux. Conçu au même moment que le palais, il incarne joliment l'idéal romantique des années 1850. Ne manquez pas les trois étangs, qui figuraient dans le plan d'origine.

La galerie d'art de la reine Sonja

Les anciennes écuries royales (p. 34), inspirées de celles de Buckingham, ont servi d'entrepôt après la Seconde Guerre mondiale, avant de devenir une galerie d'art en 2017.

La famille royale

Le palais, construit sur ordre du roi Charles XIV de Norvège et de Suède (le Français Jean-Baptiste Bernadotte), ne devint la résidence royale permanente qu'à l'indépendance de la Norvège, en 1905. Le roi Haakon VII, né prince Charles de Danemark, s'y installa alors avec son épouse Maud. Leur petit-fils, Harald V, est l'actuel souverain. La famille royale est connue pour son sens de l'humour direct, son ouverture d'esprit, et son goût pour la randonnée et la navigation. La reine, photographe passionnée, soutient les arts en général.

À savoir

- La relève de la garde a lieu tous les jours à 9h.
- Il est possible de réserver une visite pour le jour même, mais le nombre de billets est limité. Donc mieux vaut passer par www.ticketmaster.no.
- Le palais est le point d'arrivée du défilé des enfants du 17 mai, jour de la fête nationale.

Une petite faim ?

Allez déjeuner au Kafe Oslo (p. 117), au sein du Litteraturhuset (la princesse héritière serait une cliente fidèle). Plus tape-à-l'œil, le Kunstnernes Hus (p. 119) sert un excellent vin au verre et des pizzas en début de soirée.

100% Oslo
La tournée des bars du centre-ville

Le centre d'Oslo est compact, ce qui rend facile une virée nocturne de bar en bar, pour changer de rythme et d'ambiance. Les habitants commencent en général la soirée à la maison, puis font quelques adresses dans leur quartier, avant de rallier les bars et clubs du centre-ville. Voilà pourquoi, à Oslo, l'ambiance et le volume sonore augmentent au fil de la soirée… !

❶ Début de soirée au Sentralen

Installé dans une ancienne banque fabuleusement réaménagée, le **Sentralen** (☎22 33 33 22 ; www.sentralen.no ; Øvre Slottsgate 3 ; 🚋Øvre Slottsgate) est une adresse paisible… ou frénétique pour débuter la soirée selon qu'il y a un concert ou non. Prenez un verre et commandez une pizza ou une petite assiette "nouvelle cuisine nordique" au discret bar **Gullbaren** (www.sentralen.no/arrangement/

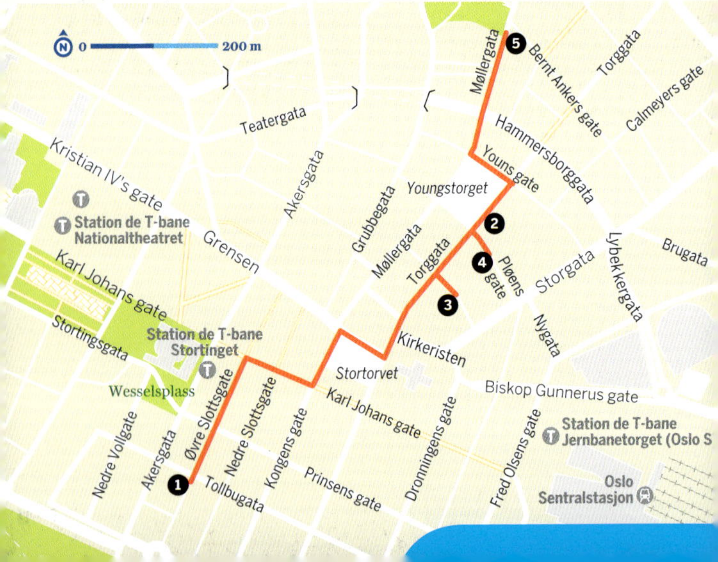

gullbaren ; 3e ét., Øvre Slottsgate 3 ; voir site pour plus d'infos ; Øvre Slottsgate). Puis poursuivez votre chemin.

❷ Pause sur Youngstorget

Rejoignez les intellectuels et autres politiciens locaux à l'**Internasjonalen** (468 25 240 ; www.internasjonalen.no ; Youngstorget 2 ; 10h-1h lun, 10h-3h mar-sam, 16h-1h dim ; Brugata) sur la place Youngstorget. Sirotez un cocktail en admirant l'emblématique bâtiment du Folketeateret, datant de 1929, à la fois théâtre et QG du parti travailliste norvégien.

❸ Passages secrets

La nuit avançant, troquez les bars à cocktails chics pour une ambiance plus underground. Cherchez la ruelle où se trouve le mythique **Angst** (angstbar.blogspot.fr ; Torggata 11 ; 12h-23h lun-mar, 12h-1h30 mer-jeu, 12h-3h ven-sam, 14h-23h dim ; Brugata), ainsi que plusieurs autres petits bars où la bière coule à flots.

En cas de fringale, commandez un hot dog, un burger ou des tapas.

❹ Rock and roll et houblon

Le **Mono** (22 41 41 66 ; www.cafemono.no ; Pløens gate 4 ; 16h-3h ; Brugata) célèbre depuis longtemps le rock and roll. Assistez à un concert ou installez-vous dans la cour (ouverte toute l'année) sous un portrait de Richard Hell, figure incontournable de la scène punk new-yorkaise dans les années 1970. Commandez une bière et écoutez les autres parler des groupes norvégiens qui montent.

❺ Un dernier verre

Suivez le mouvement jusque dans le quartier de Vulkan, où vous attendent d'autres bars et lieux nocturnes. Quel que soit le groupe programmé au vaste et sombre **Revolver** (22 20 22 32 ; www.revolveroslo.no ; Møllergata 32 ; 18h-3h30 ; Brugata), le bar à l'avant – prisé des amateurs de musique – est l'endroit parfait pour terminer la soirée.

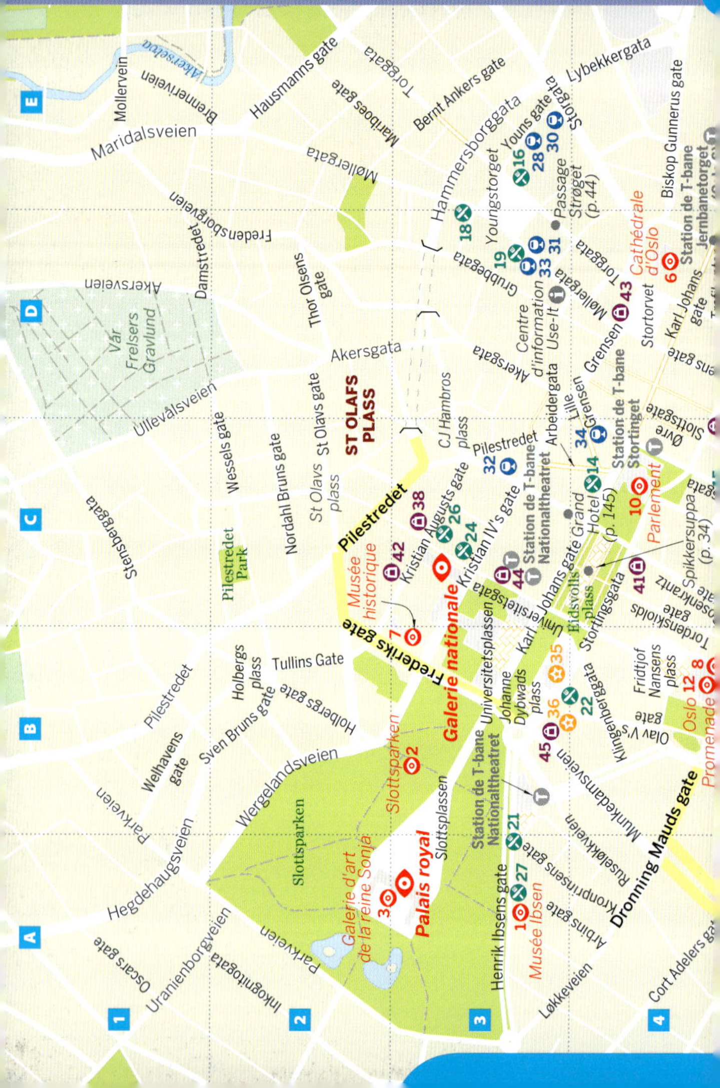
A
B
C
D
E
1
2
3
4
Mollervein
Akerselva
Brenneriveien
Maridalsveien
Hausmanns gate
Torggata
Maridoes gate
Møllergata
Bernt Ankers gate
Lybekkergata
Hammersborggata
Youngs gate
Storgata
Youngstorget
16
28
30
18
Passage Strøget (p. 44)
Fredensborgveien
Damstredet
Grubbegata
19
33
31
Torggata
Biskop Gunnerus gate
Akersveien
Vår Frelsers Gravlund
Thor Olsens gate
Centre d'information Use-It
Møllergata
43
Cathédrale d'Oslo
6
Station de T-bane Jernbanetorget
Stortorvet
Karl Johans gate
Akersgata
Akersgata
Ullevålsveien
Arbeidergata
Grensen
Lille Grensen
Station de T-bane Stortinget
St Olavs gate
ST OLAFS PLASS
CJ Hambros plass
Pilestredet
34
32
Øvre Slottsgate
Wessels gate
Nordahl Bruns gate
St Olavs plass
14
Grand Hotel (p. 145)
10
Parlement
Stensberggata
Pilestredet Park
Pilestredet
38
Kristian Augusts gate
26
24
Station de T-bane Nationaltheatret
Kristian IV's gate
Spikkersuppa (p. 34)
42
Musée historique
44
Karl Johans gate
Eidsvolls plass
Stortingsgata
41
Rosenkrantz gate
Tordenskiolds gate
7
Frederiks gate
Galerie nationale
Universitetsgata
Universitetsplassen
35
Holbergs plass
Tullins Gate
Pilestredet
Holbergs gate
Sven Bruns gate
Welhavens gate
Johanne Dybwads plass
36
22
Klingenberggata
Fridtjof Nansens plass
Olav V's gate
Oslo Promenade
12
8
45
Slottsparken
2
Wergelandsveien
Parkveien
Hegdehaugsveien
Slottsparken
Slottsplassen
Station de T-bane Nationaltheatret
21
Munkedamsveien
Ruseløkkveien
Dronning Mauds gate
Galerie d'art de la reine Sonja
3
Palais royal
27
Henrik Ibsens gate
1
Musée Ibsen
Kronprinsens gate
Arbins gate
Oscars gate
Uranienborgveien
Inkognitogata
Parkveien
Løkkeveien
Cort Adelers gate

AKER BRYGGE
de Rådhusbrygge
Embarcadère d'Aker Brygge
Bryggetorget
Stranden
Kontraskjæret
25
23
20
17
Centre d'information de la forteresse d'Akershus
Grims Grenka (p. 42)
Biking
Oslo (p. 145)
Kirkegata
Tollbugata
Nedre Slottsgate
Rådhusgata
Dronningens gate
Skippergata
Fred Olsens gate
Strandgata
Sentralstasjon
Dronning Eufemias gate
Operagata
Myntgata
Bank Plassen
Grev Wedels Plass
Langkaia
Opéra national de Norvège
Forteresse d'Akershus
Musée de la Résistance norvégienne 4
Château d'Akershus 9
Glacisgata
Akershusstranda
Operatunnelen
Pipervika
Kirkrgata
Kongens gate
Hovedøya
Bjørvika
DFDS Seaways (p. 147)
Embarcadère de Vippetangen
Les incontournables p. 24
Voir p. 34
Se restaurer p. 37
Prendre un verre p. 42
Sortir p. 44
Shopping p. 45
0
400 m
5
6
7
8
A
B
C
D
E

Voir

Musée Ibsen

MUSÉE

1 Plan p. 32, A3

Outre le petit musée assez unique, situé en bas, l'appartement de Henrik Ibsen, à découvrir dans le cadre d'une visite guidée, est incontournable. Dans l'ultime résidence du dramaturge, le bureau est resté en l'état, comme la chambre où il prononça ses derniers mots énigmatiques, *"Tvert imot!"* ("Au contraire !"), avant de mourir le 23 mai 1906. (Ibsen Museet ; 40 02 36 30 ; www.ibsenmuseet.no ; Henrik Ibsens Gate 26 ; adulte/enfant 115/30 NOK ; 11h-18h mai-sept, 11h-16h oct-avr, visite guidée ttes les heures ; Slottsparken)

Slottsparken

PARC

2 Plan p. 32, B3

Dominant l'ouest du centre d'Oslo, ce parc vallonné a été l'un des premiers espaces verts publics de la capitale.

> 100% Oslo
>
> **La magie de l'hiver**
>
> L'endroit le plus romantique d'Oslo en hiver est la patinoire extérieure de **Spikersuppa** (plan p. 32, C4 ; Karl Johans gate ; gratuit ; Øvre Slottsgate), où l'on virevolte gratuitement dès que la température le permet (de novembre à mars environ). Le site ferme souvent vers 15h pour préparer la glace. On peut louer des patins moyennant 100 NOK.

Vastes prairies fleuries, quelques bassins à canards et allées boisées constituent un cadre idéal pour une balade. Malgré son ascendance aristocratique (la résidence principale de la famille royale de Norvège trône au sommet du site), l'endroit affiche une beauté plus naturelle que travaillée. (Slottsparken ; gratuit ; 24h/24 ; Slottsparken)

Galerie d'art de la reine Sonja

GALERIE

3 Plan p. 32, A2

Après avoir servi d'entrepôt pendant un demi-siècle, les anciennes écuries du Palais royal ont été aménagées en galerie d'art à l'occasion du 80e anniversaire de la reine Sonja. Ce bel édifice du XIXe siècle accueille des expositions temporaires annuelles et conserve une collection permanente de superbes photographies, prises ou réunies par la reine Maud (1869-1938). (Dronning Sonja KunstStall ; www.royalcourt.no ; adulte 100 NOK ; 11h-17h jeu-dim ; Slottsparken)

Musée de la Résistance norvégienne

MUSÉE

4 Plan p. 32, C6

Ce musée, petit mais intéressant, est situé dans la forteresse d'Akershus, près d'un mémorial des résistants exécutés là durant la Seconde Guerre mondiale. La collection évoque les années noires de l'occupation allemande et la liesse de l'armistice le 9 mai 1945. Parmi les objets exposés figurent des journaux clandestins,

À l'intérieur de la cathédrale d'Oslo

de nombreuses cartes et photos, et, détail vraiment incongru, un dentier modifié par un prisonnier de guerre norvégien en Pologne pour capter des émissions de radio ! (Norges Hjemmefront Museet ; ☎23 09 31 38 ; www.forsvaretsmuseer.no ; adulte/enfant 60/30 NOK ; 10h-17h lun-sam, 11h-17h dim juin-août, 10h-16h lun-ven, 11h-16h sam-dim sept-mai ; Christiania Square)

vi, vii

GALERIE

5 Plan p. 32, B4

Cette galerie privée installée dans un beau bâtiment des années 1930 est réputée pour l'organisation d'expositions d'artistes en devenir. (☎906 75 993 ; www.vivii.no ; Tordenskiolds gate 12 ; 13h-17h jeu-ven, 12h-16h sam ; Kontraskjæret)

Cathédrale d'Oslo

CATHÉDRALE

6 Plan p. 32, D4

Achevée en 1697, la cathédrale d'Oslo est remarquable pour ses vitraux signés Emanuel Vigeland (frère du sculpteur Gustav) et par son plafond peint (1936-1950). Le superbe retable représentant la Cène et la Crucifixion est l'œuvre de Michael Rasch. C'est un des rares éléments d'origine qui ont été conservés. Le retable fut d'ailleurs déplacé dans tout le pays avant d'être finalement restitué par l'église Prestnes de Majorstue en 1950. (Domkirke ; Stortorvet 1 ; gratuit ; 24h/24 ; Stortorvet)

Comprendre

De Christiania à Oslo

C'est au Danois Christian IV que l'on doit l'Oslo d'aujourd'hui. Après l'incendie de 1624 qui ravage la ville, le roi décide de bâtir une nouvelle cité au pied de la forteresse d'Akershus afin de pouvoir mieux la protéger. Il privilégie un plan en damier dans l'esprit de la Haute Renaissance. Des traces de cet urbanisme sont encore visibles aujourd'hui dans le quartier de Kvadraturen ("le quadrilatère"), entre la forteresse d'Akershus et la cathédrale d'Oslo, Øvre Vollgate et Skippergata. Modeste, Christian IV rebaptisa alors la ville Christiania. Ce n'est qu'en 1925 que la capitale reprit le nom d'Oslo.

Musée historique

MUSÉE

7 Plan p. 32, B3

Le Musée historique regroupe trois institutions sous le même toit. La **collection des antiquités nationales** (Oldsaksamlingen), la plus intéressante, comprend des pièces de monnaie, des bijoux et des parures de l'époque viking – notamment le seul casque viking retrouvé entier. Ne manquez pas le **trésor Hon**, du IXe siècle, le plus important jamais mis au jour en Scandinavie (2,5 kg). La section consacrée à l'art sacré médiéval comprend les portes et le plafond peint de l'église en bois debout d'Ål (env. 1300). (Historisk Museum ; ✆22 85 19 00 ; www.khm.uio.no ; Frederiks gate 2, Université d'Oslo ; adulte/enfant 50 NOK/gratuit, accès inclus au Vikingskipmuseet ; 10h-17h mar-dim ; Tullinløkka)

Rådhus

BÂTIMENT

8 Plan p. 32, B4

Inauguré en 1950 pour célébrer le 900e anniversaire de la ville d'Oslo, l'hôtel de ville est facilement reconnaissable à ses deux tours massives. À l'intérieur, on peut voir de nombreux témoignages de la vie culturelle et professionnelle du XXe siècle. Emblème de la capitale, cet édifice fonctionnaliste demeure néanmoins d'un esthétisme discutable… C'est ici que le prix Nobel de la paix est remis chaque année, le 10 décembre. (hôtel de ville ; Fridtjof Nansens plass ; gratuit ; 9h-18h, visites guidées 10h, 12h et 14h juin à mi-juil ; Kontraskjæret)

Château d'Akershus

CHÂTEAU

9 Plan p. 32, C6

C'est au XVIIe siècle que Christian IV transforma le château d'Akershus en palais de style Renaissance, tout en conservant la façade médiévale. Les donjons abritent de sombres cachots où étaient enfermés les nobles tombés en disgrâce. Aux étages supérieurs se trouvent de somptueuses salles de banquet et d'apparat. (Akershus Slott ; ✆22 41 25 21 ; www.nasjonalefestningsverk.no ; Kongens gate ; adulte/enfant 60/30 NOK, gratuit avec l'Oslo Pass ; 11h-16h lun-sam, 12h-17h dim ; Christiania Square)

Parlement

BÂTIMENT

10 Plan p. 32, C4

Ce joli bâtiment achevé en 1866, tout en briques jaunes, abrite le Parlement de Norvège. Si la vie politique locale vous passionne et que vous parlez norvégien, suivez les débats en direct sur le site Internet. (Stortinget ; 23 31 33 33 ; www.stortinget.no ; Karl Johans gate 22 ; gratuit ; visite guidée en anglais à 10h et 13h tlj juil-août, le sam le reste de l'année ; Øvre Slottsgate)

Viking Biking

VÉLO

11 Plan p. 32, C5

Une excellente adresse pour tous ceux qui souhaitent explorer Oslo en deux-roues. Divers itinéraires guidés sont proposés, parmi lesquels un circuit de 3 heures à travers les sites incontournables, les parcs et les ruelles de la ville, ou encore un circuit empruntant le sentier au bord de la rivière Akerselva. Tous deux ont été conçus pour éviter au mieux la circulation. (412 66 496 ; www.vikingbikingoslo.com ; Nedre Slottsgate 4 ; circuit 3 heures adulte/enfant 350/200 NOK ; 9h30-18h ; Øvre Slottsgate)

Oslo Promenade

VISITES GUIDÉES

12 Plan p. 32, B4

Oslo Guide Service organise une visite à pied de la ville d'une heure et demie en anglais, au départ de l'hôtel de ville (Rådhus) à 17h30, il n'est pas nécessaire de réserver. Les guides, compétents et divertissants, vous feront découvrir les secrets d'Oslo. À noter aussi des visites sur mesure pour des groupes de 10 personnes minimum, sur réservation. (22 42 70 20 ; www.guideservice.no ; adulte/enfant 200 NOK/gratuit, gratuit avec l'Oslo Pass ; fin mai à sept ; Rådhusplassen)

Se restaurer

Sentralen Restaurant

NÉO-NORDIQUE €€

13 Plan p. 32, C4

Le Sentralen est une des adresses les plus séduisantes et décontractées de la capitale. Touristes, habitants travaillant dans le quartier et amateurs de vin naturel se retrouvent dans la vaste salle donnant sur une cuisine ouverte et très animée. Vieilles chaises et touches vert foncé complètent le décor. Les petites assiettes permettent de parcourir la séduisante carte très nouvelle cuisine nordique. (22 33 33 22 ; www.sentralen.no ; Øvre Slottsgate 3 ; petites assiettes 85-195 NOK ; 11h-22h lun-sam ; Øvre Slottsgate)

Grand Café

NORVÉGIEN €€

14 Plan p. 32, C4

À 11h précises, Ibsen quittait son appartement et gagnait le Grand Café pour un déjeuner de harengs, arrosé de bière et d'un verre d'aquavit (alcool à base de pomme de terre et de graines de carvi). Sa table est toujours là. Rassurez-vous, le menu

Comprendre

L'art contemporain version capitale

Relevant presque du secret d'initiés, la scène artistique contemporaine osloïte est égalitaire, prospère, dynamique, savante, humble et souvent intrépide. Elle compte des collections privées remarquables et des galeries.

Les grandes collections

Une partie des collections du Museet for Samtidskunst étant dans les réserves en attendant l'ouverture du nouveau Musée national en 2020, la scène artistique contemporaine se résume aujourd'hui essentiellement à deux institutions privées. Le musée Astrup Fearnley (p. 52) est connu notamment pour sa collection d'art conceptuel et photographique américain, et de belles œuvres de célèbres artistes norvégiens et européens. Par exemple l'incroyable sculpture de Jeff Koons, *Michael Jackson and Bubbles*. La seconde institution est l'Ekebergparken (p. 107) : 26 ha de verdure accueillant la magnifique collection de sculptures d'un promoteur immobilier norvégien. Les 37 œuvres sont signées Jenny Holzer, Jake et Dinos Chapman, Louise Bourgeois ou encore James Turrell, entre autres.

Les grandes galeries

Les stars de la scène artistique norvégienne, comme Matias Faldbakken, Sverre Bjertnæs et Bjarne Melgaard (désormais installé à New York), sont représentées par une poignée de galeries qui semblent peu se soucier du désir des collectionneurs (peu nombreux de toutes façons) pour privilégier une création provocatrice et plus conforme aux tendances commerciales actuelles. Les galeries les plus offensives sont Standard (p. 87) et Rod Bianco (p. 85), installées dans une portion de rue quelconque entre Grünerløkka et St Hanshaugen. Ces deux lieux exposent les meilleurs artistes (mais pas encore célèbres) du pays : attendez-vous à un travail très conceptuel.

Les galeries gérées par des artistes

En raison du soutien généreux dont bénéficient les artistes en Norvège et de la qualité de la faculté des arts d'Oslo (KHiO), la ville compte plusieurs espaces très dynamiques gérés par les artistes eux-mêmes. Notamment le Kunsthall Oslo (p. 121), le 1857 (p. 105) et le vi, vii (p. 35) – ces deux derniers connus à l'international –, ou encore nyMusikk (p. 108), spécialisé dans les performances sonores.

La façade de l'hôtel de ville (Rådhus, p. 36)

a été renouvelé depuis : plats raffinés de morue et de moules en sauce, risotto d'épeautre aux champignons, agneau séché aux pommes de terre, etc. (☎ 23 21 20 18 ; www.grand.no ; Karl Johans gate 31 ; plats 145-295 NOK ; 🕑 11h-23h lun-ven, 12h-23h sam, 12h-21h dim ; 🚋 Stortinget)

Sentralen Cafeteria

CAFÉ, PIZZAS €

15 Plan p. 32, C4

Située dans le complexe du Sentralen, cette "vraie" cafétéria ouverte toute la journée a été pensée pour les indépendants et les créatifs du quartier. Rejoignez-les pour un café matinal accompagné d'une pâtisserie ou d'un sandwich (préparés par la boulangerie Handwerk), un déjeuner sain (possibilité d'emporter) ou, à partir de 16h en semaine et de midi le week-end, une pizza cuite au feu de bois. (☎ 22 33 33 22 ; Akersgata 2 ; repas 90-160 NOK ; 🕑 7h30-minuit lun-ven, 10h-minuit sam, 11h-17h dim ; 🚋 Øvre Slottsgate)

Fiskeriet

POISSON ET FRUITS DE MER €€

16 Plan p. 32, E3

On se croirait presque dans une poissonnerie, et pour cause : ce restaurant animé est aussi l'une des meilleures adresses d'Oslo pour acheter du poisson frais. L'ensemble constitue un cadre amusant pour déjeuner ou dîner. La carte est aussi délicieuse que prévisible : *fish and chips*, soupe de poisson, *baccalà* (morue à l'italienne), daube de la mer et galettes de poisson. (22 42 45 40 ; fiskeriet.com ; Youngstorget 2 ; plats 65-249 NOK ; 11h-21h lun-ven, 12h-21h sam, 12h-20h dim, boutique 10h-18h lun-sam ; Brugata)

Solsiden POISSON ET FRUITS DE MER **€€€**

17 Plan p. 32, B5

Caché sous la forteresse d'Akershus et avec vue sur le quartier d'Aker Brygge, le Solsiden propose l'une des meilleures cuisines de la mer de la ville dans un vieil et vaste entrepôt. Testez les simples crevettes à décortiquer (265 NOK les 500 g) ou passez aux choses sérieuses avec un plateau mêlant homards, crevettes, pétoncles, crabes des neiges et langoustines (755 NOK/pers). (22 33 36 30 ; www.solsiden.no ; Søndre Akershus Kai 34 ; plats 295-31 NOK ; 16h30-22h lun-sam, 16h30-21h dim ; Kontraskjæret)

Illegal Burgers BURGERS **€**

18 Plan p. 32, D3

Steaks grillés au feu de bois, garnitures gourmandes et frites trapues... le tout composant un burger abordable. (22 20 33 02 ; Møllergata 23 ; burgers 96-142 NOK ; 14h-23h lun-jeu, 14h-1h ven-sam ; 37)

Justisen NORVÉGIEN, BURGERS **€€**

19 Plan p. 32, D3

Ce charmant restaurant aux allures de pub date de 1820. On peut certes tester la longue carte de spécialités

Comprendre

Les peintres romantiques norvégiens

La renaissance de l'identité norvégienne, consacrée par la nouvelle Constitution de 1814, s'accompagna d'un essor de la production artistique. La large collection de la Galerie nationale permet de découvrir ce moment de l'histoire norvégienne. Johan Christian Dahl, un des peintres les plus connus de l'école romantique, y est à l'honneur avec 147 tableaux et 1 500 œuvres sur papier. Thomas Fearnley et Peder Balke sont bien représentés aussi. Le nombre d'œuvres exposées peut donner le tournis, mais elles valent vraiment le coup. On peut bien sûr s'amuser à identifier les destinations emblématiques de la côte ouest, de la façade arctique et du centre du pays, mais ces œuvres permettent surtout d'appréhender l'identité nationale. Ne manquez pas l'incontournable *Noce au fjord du Hardanger* d'Adolph Tidemand et Hans Gude. Si vous visitez le Palais royal, la salle de l'Oiseau est également intéressante. Conçue en 1843 par le peintre Johannes Flintoe, elle illustre la passion de l'époque pour la beauté naturelle et l'histoire de la Norvège. Sur les fresques murales sont représentées les espèces ailées locales aux côtés de dragons et d'autres motifs évoquant les églises en bois debout traditionnelles.

norvégiennes, mais la formule burger-boisson à l'happy hour (255 NOK) reste imbattable, surtout dégustée dans la cour, qui reste ouverte toute l'année. (22 42 24 72 ; www.justisen.no ; Møllergata 15 ; plats 135-240 NOK ; Brugata)

Grosch

INTERNATIONAL €€

20 Plan p. 32, C5

Installé dans le joli cadre du musée national d'Architecture, ce café sert des burgers, des tapas, des soupes, des sandwichs et des desserts. Les chaises célèbrent le design scandinave, forcément ! (22 42 12 12 ; www.groschbistro.no ; Bankplassen 3 ; plats déj 95-165 NOK ; 11h-17h lun-mer et ven, 11h-19h jeu, 12h-17h sam-dim ; Øvre Slottsgate)

Miss Sophie

INTERNATIONAL €€

21 Plan p. 32, A3

Ce beau restaurant installé dans un bâtiment en angle est situé en face du parc du Palais royal. On y sert en continu des plats de style européen simples mais raffinés, dans un cadre plutôt glamour. Au menu : steak-frites, rösti à base de patate douce et pâtes aux truffes. Le très populaire brunch du week-end est moins recherché : omelettes, pudding de chia, pancakes, cake à la banane et œufs Benedict. (21 09 78 79 ; www.misssophierestaurant.no ; Henrik Ibsens gate 4 ; plats 175-275 NOK, plats brunch 65-175 NOK ; 17h-1h mar-ven, 12h-2h sam, 12h-18h dim ; Slottsparken)

Theatercafeen

NORVÉGIEN €€€

22 Plan p. 32, B4

Très fréquenté par les familles norvégiennes au moment des fêtes de Noël et du 17 mai (fête nationale) notamment, cet établissement situé juste en face du Théâtre national (Nationaltheatret) propose depuis 1900 des spécialités locales dans un très beau cadre de style viennois. À la carte, des plats qui évoquent les mers déchaînées et les sombres forêts de Norvège, par exemple le turbot à la crème de caviar ou encore le flétan aux asperges et aux champignons. (22 82 40 50 ; Stortingsgata 24/26 ; plats 229-380 NOK ; 12h-23h lun-sam, 15h-22h dim ; Nationaltheatret)

Café Skansen

MÉDITERRANÉEN €€€

23 Plan p. 32, C5

Après l'architecture contemporaine des restaurants et bars qui bordent les quais des anciens chantiers navals d'Aker Brygge, le Café Skansen offre un agréable contraste avec ses boiseries foncées et ses beaux carrelages. La carte fait la part belle aux plats de la mer, mais aussi à des plats traditionnels à base d'agneau et de bœuf. Si vous venez d'explorer le fjord d'Oslo, les saucisses danoises à la sauce au vin rouge, servies à partir de 16h, sont une excellente option pour reprendre des forces. (24 20 13 11 ; www.cafeskansen.no ; Rådhusgata 32 ; plats 205-248 NOK ; 11h-minuit lun-ven, 12h-minuit sam, 12h-23h dim ; Kontraskjæret)

Kaffebrenneriet

CAFÉ €

24 Plan p. 32, C3

Face à la Galerie nationale, ce café à l'ambiance cool fait partie de l'une des meilleures chaînes du pays. On y propose un expresso et un café filtre de qualité, des pâtisseries et un bon choix de sandwichs. Paquets de café à emporter. (95 26 26 77 ; www.kaffebrenneriet.no ; Universtetsgata 1 ; en-cas 35-105 NOK ; 7h-19h lun-ven, 9h-18h sam-dim ; Tullinløkka)

People & Coffee

INTERNATIONAL €

25 Plan p. 32, C5

Ce café fait aussi cantine le midi. Outre les soupes et le gâteau aux carottes, la carte comprend des plats d'Amérique latine, d'Afrique et d'Asie. Grains de café issus du commerce équitable. (906 02 510 ; www.peopleandcoffee.no ; Rådhusgata 21 ; plats 79-149 NOK ; 7h-18h ; Christiania Square)

100% Oslo

Sur les toits

Dans le centre, le rooftop de l'hôtel **Grims Grenka** (plan p. 32, C5 ; 23 10 72 00 ; www.firsthotels.no ; Kongens gate 5 ; s/d 1 350/1 500 NOK ; P; T Kongens gate) est ouvert à tous et offre en été une vue splendide. Le bar en terrasse du **Grand Hotel** (voir 14 plan p. 32, C4 ; 23 21 20 00 ; www.grand.no ; Karl Johans gate 31 ; d 1 890-2 800 NOK ; P; T Stortinget) est, lui, ouvert toute l'année.

Elias Mat & Sånt

BISTROT €€

26 Plan p. 32, C3

Après une visite de la Galerie nationale, cette adresse est parfaite pour déguster une cuisine simple dans un espace très cosy. Parmi les séduisantes options traditionnelles : le filet de lieu jaune accompagné de pommes de terre, ou le ragoût de cerf servi dans une sauce au fromage et avec de la purée. Plats du midi (soupe de poisson, moules) d'un bon rapport qualité/prix. (22 20 22 21 ; www.cafeelias.no ; Kristian Augusts gate 14; déj plats 109-179 NOK, dîner plats 184-269 NOK ; 17h-23h dim-lun, 11h-23h mar-sam ; Tullinløkka)

Ruffino Ristorante

ITALIEN €€€

27 Plan p. 32, A3

Dans ce restaurant italien traditionnel et haut de gamme, on peut déguster tous les classiques, notamment un grand choix de plats de pâtes et de fruits de mer. Attentif aux familles, l'établissement sert des demi-portions pour les enfants. (22 55 32 80 ; www.ruffino.no ; Arbins gate 1 ; pâtes 170-199 NOK, plats 300 NOK ; 16h-23h lun-sam ; Slottsparken)

Prendre un verre

Kulturhuset

BAR, PUB

28 Plan p. 32, E3

Cet endroit conjugue la vision que se font les Norvégiens de la culture, c'est-à-dire interactive et collective,

La salle du Theatercafeen (p. 41)

et leur incroyable sens de la fête. La "maison de la culture" a emménagé dans ce magnifique bâtiment de quatre étages en 2017, il semble pourtant faire partie du paysage local depuis des lustres. (kulturhusetioslo.no ; Youngs gate 6 ; 8h-3h30 lun-ven, 11-3h30 sam-dim ; Brugata)

Gullbaren

BAR

29 Plan p. 32, C5

Situé au sommet du majestueux escalier en marbre de l'ancienne banque Sentralen, ce minuscule bar décoré d'objets anciens (datant d'avant la rénovation des lieux) offre l'une des meilleures ambiances de toute la ville. (www.sentralen.no/arrangement/gullbaren ; 3e ét., Øvre Slottsgate 3 ; voir le site pour plus d'infos ; Øvre Slottsgate)

Himkok

BAR À COCKTAILS

30 Plan p. 32, E3

Sachez trois choses. Primo, la porte n'affiche nul signe distinctif, à l'exception d'un petit "H" décoratif. Secundo, les responsables du Himkok sont les inventeurs des "taptails" : ces cocktails de qualité servis à la pression. Tertio, l'endroit est aussi une distillerie, ce qui signifie que la vodka ou le gin de votre savant breuvage a été fabriqué sur place. (22 42 22 02 ; www.facebook.com/HIMKOK.OSLO ; Storgata 27 ; 17h-3h dim-mer, 15h-3h jeu-sam ; Brugata)

Bon plan

Si discret !

Le **passage Strøget** (plan p. 32, D3), entre Torggata et Storgata, ressemble à une galerie marchande grunge, avec son incroyable rangée de bars et de restaurants décontractés, invisibles depuis la rue, d'un côté comme de l'autre.

Oslo Camping

BAR

31 Plan p. 32, D3

Quand ils sortent, les Norvégiens adorent pratiquer ensemble une activité permettant de briser la glace. L'Oslo Camping est un minigolf de 18 trous, avec bière bon marché, clubs métalliques et petites balles dures – le rêve, en somme ! Outre le minigolf, présence de DJ le week-end et de toasts en cas de petit creux. (oslo-camping.no ; Møllergata 12 ; minigolf 105 NOK ; 13h-1h lun-jeu, 13h-3h ven-sam, 13h-minuit dim ; Brugata)

Røør

BRASSERIE

32 Plan p. 32, C3

La rencontre de la bière artisanale (admirez le choix affiché sur l'ardoise !) et de la décontraction à la norvégienne, avec jeu de palets, belle collection de vinyles et distributeurs d'en-cas. Le tout sur deux étages. Ajoutez à cela quelque 70 bières à la pression et une honorable sélection de cidres et de vins servis au verre. (Rosenkrantz gate 4 ; 13h-3h ; Tinghuset)

Sosialen

PUB

33 Plan p. 32, D3

Un bon choix si vous hésitez entre une soirée dans un bar ou un restaurant. Commandez un plat norvégien ou international dans la salle du devant, au joli style industriel, puis sirotez quelques verres en écoutant un set de DJ. (22 41 50 06 ; www.sosialen.com ; Møllergata 13 ; 16h-minuit lun-mar, 16h-2h mer-jeu, 15h-3h30 ven-sam ; Stortinget)

Stockfleths

CAFÉ

34 Plan p. 32, C4

Un des plus anciens cafés (il a été créé en 1895) de la ville et des plus réputés. On y sert des tartines de pain complet avec du *brunost* (le fromage norvégien à pâte brune), des pâtisseries et des smoothies. (www.stockfleths.as ; Lille Grensen ; 7h-18h lun-ven, 10h-17h sam ; T Stortinget)

Sortir

Théâtre national

THÉÂTRE

35 Plan p. 32, B3

Ce bâtiment, inauguré en 1899 et conçu par Henrik Bull dans un style historiciste, possède un hall somptueux. Le théâtre fut construit spécifiquement pour présenter les pièces de l'auteur norvégien Henrik Ibsen. Elles y sont d'ailleurs toujours jouées. (Nationalthetret ; www.nationaltheatret.no ; Stortingsgata 15 ; billets 160-480 NOK ; Nationaltheatret)

La façade du Théâtre national (Nationaltheatret)

Saga Kino

CINÉMA

36 Plan p. 32, B3

Ce multiplexe de six salles projette les nouvelles sorties en VO, notamment les productions hollywoodiennes. L'entrée est située dans Olav Vs gate. (22 83 23 75 ; www.oslokino.no ; Stortingsgata 28 ; Nationaltheatret)

Shopping

Norwegian Rain

MODE

37 Plan p. 32, D5

Avec Norwegian Rain, c'est Bergen qui débarque à Oslo ! Les imperméables de cette prestigieuse marque de la côte ouest sont parmi les plus convoités de la planète ! La boutique de la capitale propose toute la gamme, ainsi que des manteaux en laine, des chemises à col amovible et des chaussures et sacs en cuir du directeur artistique T-Michael – sans oublier les vinyles en édition limitée des Kings of Convenience. (996 03 411 ; norwegianrain.com ; Kirkegata 20 ; 10h-18h lun-ven, 10h-17h sam ; Nationaltheatret)

Tronsmo

LIVRES

38 Plan p. 32, C3

Lieu d'échange et librairie, Tronsmo invite aussi bien à acheter des livres en langue anglaise qu'à assister à une lecture ou à un spectacle. À noter l'importante section LGBT et le sous-sol riche en BD. (☎22 99 03 99 ; www.tronsmo.no ; Universitetsgata 12 ; ⏲9h-17h lun-mer, 9h-18h jeu-ven, 10h-16h sam ; 🚊Tullinløkka)

FWSS

MODE ET ACCESSOIRES

39 Plan p. 32, C4

La nouvelle boutique phare de FWSS, marque norvégienne en plein essor, est réputée pour ses articles basiques et accessibles ainsi que pour ses collections saisonnières alliant simplicité scandinave et touche ludique. (Fall Winter Spring Summer ; fallwinterspringsummer.com ; Prinsens gate 22 ; ⏲10h-19h lun-ven, 10h-18h sam ; 🚊Øvre Slottsgate)

Tom Wood

MODE ET ACCESSOIRES

40 Plan p. 32, D5

Les vêtements monochromes de cette griffe d'Oslo sont aussi norvégiens qu'on peut l'être : simples, austères et dans des matériaux naturels de haute qualité. Les bijoux en argent raviront les amateurs de design scandinave du XXe siècle. (☎919 06 226 ; tomwoodproject.com ; Kirkegata 20 ; ⏲11h-18h lun-ven, 10h-16h sam ; 🚊Dronningens gate)

100% Oslo

Pour les fashionistas

Les boutiques les plus branchées d'Oslo se trouvent dans le quartier très tendance de **Kvadraturen** (Plan p. 33, C5) – notamment dans Nedre Slottsgate, Kirkegata et Prinsens gate. Ainsi que dans Promenaden, ultra tendance et très haut de gamme, où les stylistes scandinaves comme Fillipa K, Marimekko, Norwegian Rain, FWSS et Acne Studio côtoient les habituelles griffes de luxe internationales.

Råkk og Rålls

MUSIQUE

41 Plan p. 32, C4

Immense et labyrinthique, c'est le paradis des fouineurs mélomanes. On y trouve des tonnes de vinyles d'occasion, surtout des années 1970 et 1980, mais pas seulement. (☎22 41 17 01 ; Stortingsgata 8 ; ⏲11h-18h lun-sam ; 🚊Stortinget)

Oslo Kunsthandel

ART

42 Plan p. 32, C3

Un endroit fabuleux pour s'offrir un tableau moderniste, un meuble des années 1950, ou juste pour flâner. De bonnes expositions mettent en avant des artistes norvégiens et les pièces à vendre occupent le reste de ce vaste espace industriel. Des articles en argent, en verre et en céramique sont aussi en vente ici. (☎22 60 80 10 ; oslokunsthandel.no ; Kristian Augusts gate 13 ; ⏲11h-17h mar-ven, 12h-16h sam-dim ; 🚊Tullinløkka)

Glasmagasinet

GRAND MAGASIN

43 Plan p. 32, D4

Ce grand magasin datant de 1899 propose un bon choix de marques scandinaves. (www.glasmagasinet.no ; Stortorvet 9 ; ⏲10h-19h lun-ven, 10h-18h sam ; 🚊Stortorvet)

La terrasse du Café Skansen (p. 41)

Norli

LIVRES

44 Plan p. 32, C3

La plus grande librairie du pays propose un bon choix de livres en langue originale, de guides de voyage ainsi que des cartes. (www.norli.no ; Universitetsgata 20-24 ; 10h-19h lun-sam ; Nationaltheatret)

Norway Designs

MODE ET DÉCO

45 Plan p. 32, B3

Vêtements de créateurs, beaux objets en verre pour la maison, fournitures de bureau et montres – le tout à deux pas du Théâtre national. (www.norwaydesigns.no ; Stortingsgata 28 ; 10h-18h lun-mer et ven, 10h-19h jeu, 10h-16h sam ; Nationaltheatret)

Les incontournables
Opéra national de Norvège

Comment y aller

L'Opéra d'Oslo est proche à pied de la gare centrale.

T Sentralstasjonen

Conçu par le cabinet d'architectes norvégien Snøhetta, pour un budget de 500 millions d'euros, l'Opéra et Ballet de Norvège (Den Norske Opera & Ballett) ressemble à un glacier flottant sur les eaux. Situé dans le quartier de Bjørvika, c'est aujourd'hui un des édifices les plus emblématiques de la capitale. Digne représentant du style scandinave, le bâtiment est ouvert, sobre et sa visite divertissante, que l'on aime ou non l'opéra et le ballet.

La conception

Le bâtiment conçu par le cabinet Snøhetta est remarquable, notamment le mur ondulé en bois du foyer, le toit en accès libre surnommé le "tapis", ou encore l'"usine", soit les espaces de travail. Volontairement proche du sol afin d'assurer la connexion avec la ville sur les plans visuel et pratique, le bâtiment assume une fonction autant sociale que sculpturale. L'édifice questionne également le lien entre la cité et le fjord, entre la Norvège et le monde, entre le spectacle et la vie quotidienne, entre les artistes et le public.

Le toit

Espace ludique pour se prendre en photo, flâner, s'allonger ou méditer, le toit – une vaste étendue de marbre lumineux – incarne merveilleusement une monumentalité très norvégienne, horizontale plutôt que verticale. L'ouvrage, d'une facture superbe, séduit autant par son sens du détail que par sa taille imposante.

L'intérieur

L'entrée du bâtiment est volontairement modeste, ce qui renforce l'impression de grandeur que l'on a en pénétrant dans le foyer. Les fenêtres, qui font 15 m de hauteur, inondent le hall de lumière. Le mur ondulé, constitué d'un ensemble de bandes de chêne doré, est l'élément le plus marquant. Il dessine une courbe au centre du foyer et donne accès aux niveaux supérieurs.

L'usine des arts

Disséminés sur l'ensemble des niveaux, les ateliers et bureaux où travaillent les quelques centaines d'employés de la troupe d'opéra et de la compagnie de ballet font partie intégrante du bâtiment et sont visibles. La vue de l'ensemble des moyens techniques requis pour chaque production rappelle la nature collective des spectacles.

Plan p. 33, E6

21 42 21 21

www.operaen.no

Kirsten Flagstads plass 1

Foyer en accès libre

Foyer 10h-21h lun-ven, 11h-21h sam, 12h-21h dim

À savoir

- Une **visite guidée** (adulte/enfant 100/60 NOK ; 11h, 12h et 13h tlj juil à début août, 11h, 12h et 13h lun-ven, 12h et 13h sam, 13h dim début août à 31 août, 13h dim-ven, 12h sam le reste de l'année) permet de découvrir les quelque 1 100 pièces du bâtiment.
- Une place debout coûte 100 NOK.

Une petite faim ?

Sanguine Brasserie & Bar (plats 205-305 NOK, menu 2/3/4 plats 410/525/585 NOK ; 11h-21h lun-sam, 12h-20h dim) offre un beau cadre dans l'Opéra.

Cuisine norvégienne traditionnelle chez **Olympen** (p. 110), dans le quartier de Grønland, juste de l'autre côté de la voie de chemin de fer.

Explorer

Aker Brygge et Bygdøy

Rejoignez la foule des estivants à Aker Brygge et à Tjuvholmen ("île du voleur"), la pointe du quartier, pour une balade dans les embruns, un bon repas, une dose d'architecture contemporaine et la visite de deux des plus beaux musées d'Oslo. Plus à l'ouest, Bygdøy, à rallier de préférence en ferry, est une jolie péninsule verte et résidentielle où sont installés des musées captivants.

L'essentiel en un jour

Rejoignez la péninsule de Bygdøy en bateau et commencez par la visite du **musée des Bateaux vikings** (p. 54), où vous attendent de sublimes vaisseaux frisant les 1 000 ans. Puis gagnez le **musée du Folklore norvégien** (p. 58) et découvrez la vie quotidienne des Norvégiens au fil des siècles, ainsi que des exemples d'architecture locale de plusieurs époques. Le tout au cœur d'un parc splendide.

La péninsule de Bygdøy, à moitié rurale, offre une formidable opportunité de balade à pied, à moins que vous ne préfériez prendre le ferry d'un site à l'autre. Remontez le col de votre ciré au **musée de la Marine norvégienne** (p. 58), qui invite à explorer la relation de la Norvège à la mer. À votre retour, allez déjeuner au **Vingen** (p. 60).

Mettez le cap sur le **musée Astrup Fearnley** (p. 52) et sa collection d'art contemporain du monde entier, avec notamment des œuvres de Jeff Koons, Cindy Sherman, Tom Sachs et Damien Hirst. Ensuite, sortez flâner dans le **parc des sculptures de Tjuvholmen** (p. 57), où vous attendent d'incroyables créations contemporaines. Visitez rapidement le **Centre Nobel de la paix** (p. 57) avant de dîner de poisson ou de fruits de mer au **Pipervika** (p. 60).

Les incontournables

Musée Astrup Fearnley (p. 52)

Musée des Bateaux vikings (p. 54)

Le meilleur du quartier

Restaurants

Vingen (p. 60)

Architecture

Musée Astrup Fearnley (p. 52)

Musées

Musée Astrup Fearnley (p. 52)

Musée des Bateaux vikings (p. 54)

Musée de la Marine norvégienne (p. 58)

Comment y aller

Tramway Le n°12 vous conduira directement à Akker Brygge.

Ferry Toutes les 20 à 30 minutes, le n°91 effectue la traversée jusqu'à Bygdøy (15 minutes) depuis le Rådhusbrygge 3 – l'embarcadère en face de l'hôtel de ville (Rådhus) – via Dronningen et Bygdøynes.

Bus Le n°21 rallie Akker Brygge depuis Grünerlokka, via St Hanshaugen et la partie basse de Frogner.

Les incontournables
Musée Astrup Fearnley

Le plus prestigieux musée d'art contemporain de la capitale norvégienne n'est pas une institution subventionnée par l'État (pourtant riche en pétrole), mais une fondation privée. Installé dans un bâtiment signé Renzo Piano d'une beauté renversante, l'Astrup Fearnley Museet émerveille à coup sûr les visiteurs. Sa collection permanente est aussi provocante que divertissante. Quant aux expositions temporaires, elles sont en phase avec l'air du temps local et... planétaire !

Plan p. 56, D3

22 93 60 60

www.afmuseet.no

Strandpromenaden 2

Adulte/enfant 120 NOK/ gratuit

12h-17h mar, mer et ven, 12h-19h jeu, 11h-17h sam-dim

Aker brygge

Le bâtiment

Installé dans Tjuvholmen, à la pointe d'Aker Brygge, l'édifice de 7 000 m² conçu par Renzo Piano (budget 90 millions d'euros) relie trois structures par un toit de verre aux allures de voiles. La charpente en acier a de faux airs de vieux gréement et les bâtiments sont recouverts de bois argenté. L'intérieur est composé d'une série d'espaces monumentaux ou intimistes, certains aveugles, d'autres ménageant des ouvertures sur le ciel ou le fjord d'Oslo.

Art américain

Depuis les années 1960, la fondation Thomas Fearnley constitue une importante collection d'art américain d'après-guerre, avec notamment un grand nombre de sculptures conceptuelles et d'œuvres photographiques. Si l'institution a diversifié sa collection ces dernières années, l'art américain reste fort bien représenté, avec des artistes comme Jeff Koons, Richard Prince, Cindy Sherman, Matthew Barney, Tom Sachs et Dan Colen.

Art allemand

Aucun grand musée d'art contemporain ne saurait ignorer l'artiste allemand Anselm Kiefer. L'Astrup Fearnley possède deux œuvres : *Barren Landscape* et, juste à côté, *The High Priestess/Zweistromland*, une œuvre qui pèse son poids au sens métaphorique et physique (elle est en plomb). Ne ratez pas l'*Apparizione 1-3*, une œuvre de Sigmar Polke.

Acquisitions et expositions temporaires

Le musée Astrup Fearnley s'efforce d'établir un dialogue entre la Norvège et le reste du monde, ce qui se traduit par de nouvelles acquisitions et de passionnantes expositions temporaires. Ne manquez pas le travail des artistes brésiliens, japonais, chinois et indiens, ou celui d'artistes norvégiens prometteurs ou confirmés comme Bjarne Melgaard et Matias Faldbakken.

À savoir

- La vue sur le fjord d'Oslo depuis la salle à l'étage consacrée à Kiefer et Polke est époustouflante.
- S'il fait chaud, prévoyez un maillot pour une brève baignade du côté de la plage publique de Tjuvholmen.

Une petite faim ?

Le Vingen (p. 60) sert un bon café, du vin et des cocktails. On peut aussi y déjeuner. De l'autre côté du pont, le Ling Ling (p. 61) propose de petites assiettes chinoises.

Les incontournables
Musée des Bateaux vikings

La visite du Vikingskipshuset est une exceptionnelle excursion dans l'Histoire. Trois bateaux vikings, dont deux en parfait état, trônent majestueusement dans une salle lumineuse spécialement construite pour eux dans les années 1930. Leur sombre présence impressionne et permet de mieux se représenter la vie des mythiques Vikings.

Plan p. 56, A3

22 13 52 80

www.khm.uio.no

Huk Aveny 35

Adulte/enfant 80 NOK/ gratuit

9h-18h mai-sept, 10h-16h oct-avr

91

La culture viking

Les trois vaisseaux exposés ont été découverts sur d'énormes sites funéraires. Cela signifie qu'ont été conservés l'embarcation et tout ce que les Vikings voulaient emporter dans le Valhalla (séjour éternel des guerriers morts en héros). Ce trésor archéologique a révélé quantité de choses sur ce peuple : ses compétences en ingénierie nautique et en navigation, ses ambitions sur les plans marchand et militaire, les goûts et la spiritualité d'un citoyen aisé de l'époque, etc.

Les bateaux

L'*Oseberg*, découvert en 1903, est indéniablement le plus beau bateau du musée. Datant de 820, il est richement décoré, de la ligne de flottaison jusqu'à l'élégante proue à tête de serpent. Malgré l'espace prévu pour 30 rameurs, il s'agissait sans doute d'un navire d'apparat plutôt que d'une embarcation pensée pour la navigation. Le *Gokstad* date de 890. C'était un bateau rapide dont la coque fut retrouvée quasi intacte. Équipé pour fonctionner à la voile comme à la rame, avec un équipage de quelque 34 Vikings, il n'a rien perdu de sa superbe ni de son pouvoir d'intimidation. Plus petit, le *Tune* fut construit en 910. Véloce, trapu et conçu pour résister à des vagues relativement importantes, il était utilisé pour acheminer des personnes (notamment des esclaves) ou pour transporter des cargaisons légères et précieuses comme la fourrure et le verre.

Le trésor

Dans les couloirs latéraux sont exposés les objets découverts dans les chambres mortuaires des bateaux. Outre les dépouilles des Vikings, on y a trouvé des pièces surprenantes (des squelettes de paons par exemple). L'une des plus intéressantes est le chariot de l'*Oseberg*. Richement sculpté et antérieur au bateau, ce véhicule probablement d'apparat comprenait quatre têtes d'animaux sculptées et les squelettes de deux femmes vikings.

À savoir

- Projeté sur le mur du musée, le touchant film *The Vikings Alive* mérite bien une petite attente.
- Montez à l'étage pour apprécier les ponts des bateaux dans toutes leurs dimensions.
- Outre les épées en bois, les poupées trolls et les casques vikings, la boutique du musée propose une belle collection d'ouvrages sur l'histoire et le folklore norvégiens.

Une petite faim ?

En été, un kiosque propose boissons et en-cas dans la cour du musée.

Nos adresses
Les incontournables p. 52
Voir p. 57
Se restaurer p. 60
0
500 m
A
B
C
D
E
1
2
3
4
Frederiks gate
Slottsparken
Palais royal
Slottsplassen
Station de T-bane Nationaltheatret
7.Juni Plass
Fridtjof Nansens plass
Rådhusplassen
Rådhusgata
Akershusstranda
Pipervika
2 Centre Nobel de la paix
9 Oslo City
8 Båtservice Sightseeing
Train
11
14
15
12
13
16
10
Grundingen
Bryggegata
Stranden
AKER BRYGGE
The Thief (p. 145)
Parc de sculptures de Tjuvholmen
1
Musée Astrup Fearnley
TJUVHOLMEN
7 Plage de Tjuvholmen
Tjuvholmen allé
Holmens gate
Munkedamsveien
Huitfeldts gate
Parkveien
Cort Adelers gate
Løkkeveien
SOLLIPLASS
Henrik Ibsens gate
Solli plass
Hydroparken
Thomles gate
Colbjørnsens gate
Skovveien
Niels Juels gate
Frognerveien
Vestheimgata
Bygdøy allé
Drammensveien
Munkedamsveien
Frognerstranda
Filipstadveien
Høvedøya
Gabels gate
Frederik Stangs gate
Sophus Lies gate
Svoldergata
GIMLE
Thomas Heftyes gate
Drammensveien
Nobels gate
FROGNER
Frognerstranda
Frognerkilen
3 Musée du Fram
4 Musée de la Marine norvégienne
6 Musée du Kon-Tiki
Bygdøynesveien
Løchenveien
BYGDØY
Huk Aveny
Mellbyedalen
Dronningahavnveien
Oscarshallveien
Wedels vei
Bygdøy allé
Museumsveien
Museumsveien
5 Musée du Folklore norvégien
Musée des Bateaux vikings
Langviksveien

Le Centre Nobel de la paix

Voir

Parc de sculptures de Tjuvholmen

MUSÉE EN PLEIN AIR

1 Plan p. 56, D3

Ce parc entoure le musée Astrup Fearnley et, comme le musée, est un écrin signé Renzo Piano pour l'art contemporain du monde entier. Parmi les sculptures exposées : le magnifique et coquin *Eyes* (1997) de Louise Bourgeois, l'enchanteur et totémique *Moonrise east. november* (2006) d'Ugo Rondinone, et *Spalt* (2003) de Franz West, lumineux et tactile. Le parc compte aussi des œuvres d'Antony Gormley, d'Anish Kapoor et d'Ellsworth Kelly, ou encore de Peter Fischli et David Weiss. Des canaux et une petite plage de galets complètent cette superbe collection. (afmuseet.no/en/om-museet/skulpturparken ; Tjuvholmen ; gratuit ; 24h/24 ; Aker brygge)

Centre Nobel de la paix

MUSÉE

2 Plan p. 56, E2

Les Norvégiens s'enorgueillissent de leur action en faveur de la paix dans le monde, à travers ce fameux prix Nobel qui récompense chaque année les hommes et femmes qui ont le plus œuvré dans ce sens. Ce musée ultra moderne met à l'honneur la vie et l'œuvre des lauréats, grâce à une série de présentations numériques très interactives. (Nobels Fredssenter ;

Bon plan

Billets de ferry

Achetez votre billet de ferry aller et retour pour la presqu'île de Bygdøy en avance, c'est bien moins cher qu'à bord !

48 30 10 00 ; www.nobelpeacecenter.org ; Rådhusplassen 1 ; tarif plein/réduit 100/65 NOK ; 10h-18h ; Aker brygge)

Musée du Fram

MUSÉE

3 Plan p. 56, B4

Ce musée est consacré au navire *Fram* (mot qui signifie "En avant !"), un des symboles de l'exploration polaire. Arpentez les ponts de ce bateau de 39 m, jetez un œil dans les dortoirs exigus et imaginez la vie en mer au cœur de la banquise. L'exposition, très fournie, comprend des cartes, des images et des objets provenant de diverses expéditions, par exemple la tentative de Nansen de rallier le pôle Nord à ski ou encore la découverte du passage du Nord-Ouest par Amundsen. (Frammuseet ; 23 28 29 50 ; www.frammuseum.no ; Bygdøynesveien 36 ; adulte/enfant 100/40 NOK, gratuit avec l'Oslo Pass ; 9h-18h juin-août, 10h-17h mai et sept, 10h-16h oct-mai ; 91)

100% Oslo

Shopping au bord de l'eau

Les rues derrière le front de mer abritent plusieurs boutiques de mode haut de gamme, très fréquentées par les habitants du quartier. La boutique du musée Astrup Fearnley est très intéressante. On y trouve des articles de design norvégien, notamment des bijoux, ainsi que des meubles, des livres et des magazines.

Musée de la Marine norvégienne

MUSÉE

4 Plan p. 56, B4

Incontournable dans un pays où la mer tient une place centrale. La collection explore le lien de la Norvège avec la mer : la pêche, la chasse à la baleine, la flotte sismique (qui traque les gisements de pétrole et de gaz), la construction navale, la récupération des épaves et la navigation de plaisance. (Norsk Maritimt Museum ; 22 12 37 00 ; www.marmuseum.no ; Bygdøynesveien 37 ; adulte/enfant 100/30 NOK, gratuit avec l'Oslo Pass ; 10h-17h mi-mai à août, 10h-16h le reste de l'année ; 91)

Musée du Folklore norvégien

MUSÉE

5 Plan p. 56, A3

Ce musée à ciel ouvert est le plus grand de Norvège et l'une des principales attractions d'Oslo. Provenant de tout le pays, les quelque 140 bâtiments, pour la plupart des XVIIe et XVIIIe siècles, ont été reconstruits et regroupés en fonction de leur région d'origine. Des sentiers serpentent entre les granges anciennes, les *stabbur* (entrepôts surélevés) et les fermes en bois brut aux toits tapissés de fleurs sauvages. Les enfants apprécieront les nombreux animaux de ferme et les promenades à cheval ou en carriole, entre autres activités. (Norsk Folkemuseum ;

(☎22 12 37 00 ; www.norskfolkemuseum.no ; Museumsveien 10 ; adulte/enfant 130/40 NOK, gratuit avec l'Oslo Pass ; ⏲10h-18h mi-mai à mi-sept, 11h-15h lun-ven, 11h-16h sam-dim mi-sept à mi-mai ; ⛴91)

Musée du Kon-Tiki MUSÉE

6 ◎ Plan p. 56, B4

Très apprécié des enfants, cet excellent musée est consacré au radeau en balsa *Kon-Tiki* sur lequel l'explorateur norvégien Thor Heyerdahl navigua du Pérou jusqu'en Polynésie en 1947. Le bateau en jonc *Ra II*, construit par des Aymaras sur l'île bolivienne de Suriqui, sur le lac Titicaca, est également exposé. Heyerdahl l'utilisa pour traverser l'Atlantique en 1970. (Kon-Tiki Museet ; ☎23 08 67 67 ; www.kon-tiki.no ; Bygdøynesveien 36 ; adulte/enfant 100/40 NOK, gratuit avec l'Oslo Pass ; ⏲9h30-18h juin-août, 10h-17h mars-mai, sept-oct, 10h-16h nov-fév ; ⛴91)

Plage de Tjuvholmen PLAGE

7 ◎ Plan p. 566, D3

Adossée à la vaste pelouse du parc de sculptures (p. 57), cette minuscule plage municipale est souvent prise d'assaut par de très jeunes habitants de la ville qui s'éclaboussent gaiement. L'endroit est néanmoins très agréable. (Tjuvholmen ; 🚋Aker brygge)

Båtservice Sightseeing CROISIÈRES

8 ◎ Plan p. 56, E2

Pour profiter de la vue sur Oslo et son fjord depuis la mer à bord d'une goélette en bois traditionnelle ou d'un bateau à moteur plus moderne. Possibilité de monter et descendre autant que l'on veut de mai à septembre (billet 24 heures 215 NOK). (☎23 35 68 90 ; www.boatsightseeing.com ; quai 3, Rådhusbrygge ; 215-650 NOK/pers ; 🚋Aker brygge)

Comprendre

Une capitale verte, propre et (presque) sans voitures

Après leur triomphe aux élections municipales de 2015, la coalition regroupant les travaillistes, les socialistes et les Verts a promis de bannir les voitures du centre d'Oslo d'ici à 2019, dans une volonté de limiter les émissions de gaz à effet de serre et de lutter contre le réchauffement climatique. Toutefois, après le rejet des conservateurs et des commerçants, le projet a été revu à la baisse et vise désormais un centre-ville affichant "le nombre le moins élevé de voitures possible".

À défaut d'une interdiction pure et simple des voitures, des mesures dissuasives comme la suppression des espaces de stationnement vont être mises en place, de nouvelles pistes cyclables seront créées et le système de transports publics, déjà considéré comme l'un des meilleurs du monde, sera encore amélioré. L'objectif reste ambitieux, notamment la piétonisation massive des rues, une initiative déjà en cours.

Oslo City Train

PETIT TRAIN

9 Plan p. 56, E2

Deux petits trains pour découvrir Oslo. Départs toutes les 30 min d'Aker brygge et d'Universitetsplassen, dans Karl Johans gate. Gratuit pour les moins de 5 ans. (48 17 99 99 ; www.citysightseeing.no ; adulte/enfant 150/75 NOK ; 9h30-17h fin juin à août)

Se restaurer

Vingen

NÉO-NORDIQUE **€€**

10 Plan p. 56, D3

Le Vingen ne se cantonne pas dans son rôle de café du musée Astrup Fearnley (p. 104). Outre son excellent café, l'endroit invite à profiter d'une petite carte subtilement inspirée de l'exposition temporaire du moment, au déjeuner et au dîner. Le soir rime avec cocktails, voire avec DJ et soirée dansante dans le hall du musée et, en été, sur la terrasse au bord de l'eau. (901 51 595 ; vingenbar.no ; Strandpromenaden 2 ; plats 145-240 NOK ; 10h-21h dim-mer, 10h-minuit jeu-sam ; Aker brygge)

Pipervika

POISSON ET FRUITS DE MER **€€**

11 Plan p. 56, E2

Par beau temps, rien ne vaut un déjeuner de crevettes sur les quais, à déguster dans du bon pain frais, avec de la mayonnaise et un zeste de citron. Cette coopérative rénovée propose donc des crevettes entières au kilo à emporter, mais il est également possible d'y savourer une assiette de sushis, d'huîtres ou d'autres plats de la mer, comme le burger de poisson ou le *fish and*

Comprendre

Le Fram à la conquête des pôles

Inauguré en 1892, le *Fram*, unique par sa puissance, sa largeur et son faible tirant d'eau, a passé l'essentiel de son existence coincé dans la banquise. De 1893 à 1896, ce navire achemina l'expédition polaire de Fridtjof Nansen jusqu'aux îles russes de Nouvelle-Sibérie, passant à quelques degrés du pôle Nord lors de son retour vers la Norvège. Il permit aussi à Otto Sverdrup de rallier la région de Nunavut, un archipel canadien à l'ouest du Groenland, entre 1898 et 1902.

En 1910, bien décidé à devenir le premier explorateur à gagner le pôle Nord, Roald Amundsen embarqua sur le *Fram* avant d'apprendre en chemin que Robert Peary l'avait précédé. Il vira de bord et, malgré la concurrence de Robert Falcon Scott, devint le premier homme à atteindre le pôle Sud. Toujours à bord du *Fram*, Otto Sverdrup contourna le sud du Groenland pour gagner la région canadienne du Nunavut et l'île d'Ellesmere, parcourant plus de 18 000 km entre 1898 et 1902.

Devant le restaurant Ling Ling

chips. (www.pipervika.no ; Rådhusbrygge 4 ; plats 175-250 NOK, crevettes 130 NOK/kg ; 7h-23h ; Aker brygge)

Ling Ling

CANTONAIS **€€**

12 Plan p. 56, E3

La réputation culinaire d'Aker Brygge a progressé d'un cran avec l'inauguration de ce restaurant-bar asiatique. S'inspirant du concept de l'*izakaya* (bistrot japonais), on y sert aussi des assiettes de cuisine cantonaise à partager. L'endroit est convivial et la carte des cocktails, des bières et des vins donne envie... (24 13 38 00 ; lingling.hakkasan.com ; Stranden 30 ; plats 155-385 NOK ; 17h-22h dim-jeu, 17h-23h ven-sam ; Aker brygge)

Tjuvholmen Sjømagasin

POISSON ET FRUITS DE MER **€€€**

13 Plan p. 56, D3

Ce restaurant haut de gamme sert dans un cadre élégant des produits de la mer magnifiquement préparés, qu'il s'agisse de spécialités norvégiennes (dont la soupe de poisson, bien sûr) ou internationales (turbot au fenouil et au beurre noisette). À noter le comptoir à crustacés avec, au choix, homard et crabe au kilo, huîtres et crevettes. On peut aussi commander un plateau composé (795 NOK/pers). (23 89 77 77 ; www.sjomagasinet.no ; Tjuvholmen allé 14; plats 295-385 NOK ; 11h30-minuit lun-ven, 13h-minuit sam ; Aker brygge)

Comprendre

Oslo, une capitale en plein boom

Il y a dix ans, Oslo était une ville dominée essentiellement par les flèches de ses églises néoclassiques. Les flèches ont fait place aux grues, symptôme d'un boom immobilier qui surpasse celui de la fin du XIXe siècle. La capitale norvégienne possède actuellement le plus fort taux de croissance en Europe. Si des chantiers immobiliers commerciaux et résidentiels sont toujours en cours dans Bjørvika ainsi que dans d'autres quartiers, plusieurs projets architecturaux devraient encore transformer le visage d'Oslo dans la décennie à venir.

L'ouverture du nouveau Musée national (Nasjonalmuseet) est prévue pour 2020. Le bâtiment abritera sous le même toit les collections de la Galerie nationale, du musée national d'Art contemporain et du musée des Arts décoratifs et du Design. Cette inauguration devrait être suivie de près par celle du Lambda, le nouveau musée Munch. Viendra ensuite un ambitieux réaménagement du Regjeringskvartalet, le quartier administratif, avec pour double objectif de réparer les dommages causés par l'attentat perpétré par Anders Breivik en 2011 et de créer un noyau urbain dense plus tourné vers les piétons.

Toutefois, la récente chute du prix du pétrole (et la première entaille effectuée dans le fonds de pension gouvernemental) pourrait bien sonner le glas de l'âge d'or des promoteurs immobiliers, des urbanistes et des jeunes cabinets d'architectes... Certains habitants ne s'en plaignent pas, critiquant les chantiers d'Akker Brygge et de Bjørvika, le manque de mixité sociale et le peu de considération dont a bénéficié le fjord d'Oslo... ce qui aurait pu être évité. Cela dit, qu'elles émanent de l'État, des associations, des urbanistes ou des jeunes entrepreneurs, les initiatives ne manquent pas pour qu'Oslo demeure une ville verte, prospère et dynamique dans les années à venir.

Delicatessen

TAPAS €€

14 Plan p. 56, E2

Cette enseigne, qui possède un établissement incontournable dans le quartier de Grünerløkka, a ouvert avec succès une adresse dans un bel espace industriel d'Akker Brygge. L'ambiance est à la décontraction et la carte des tapas est excellente. Cette dernière comprend de petites assiettes de croquettes au safran et au chorizo, des boulettes de viande, des plateaux de *jamon* et de *manchego* (jambon et fromage espagnols), ou encore de grandes assiettes de poulpe et de poulet grillé. (delicatessen.no ; Holmens gate 2 ; tapas 68-149 NOK ; 11h-minuit dim-mer, 11h-1h jeu-sam ; Aker brygge)

Albert Bistro

FRANÇAIS €€€

15 Plan p. 56, E2

Le mal du pays ? Commandez ici toutes sortes de délices français. Croque-monsieur et omelettes en début de matinée, carré d'agneau, moules-frites et entrecôte le reste de la journée. Sans rien révolutionner dans le genre, l'endroit est néanmoins agréable et lumineux. (21 02 36 30 ; www.albertbistro.no ; Stranden 3; plats 185-355 NOK ; 7h30-23h lun-ven, 9h-23h sam-dim ; Aker brygge)

EVIKKA/SHUTTERSTOCK ©

Dans le musée du Fram (p. 58)

Bølgen & Moi

POISSON ET FRUITS DE MER €€€

16 Plan p. 56, D3

Membre d'une chaîne nationale, Bølgen & Moi offre une vue imprenable sur les quais. Une bonne adresse pour savourer un burger, des pâtes, une soupe de poisson ou un verre les soirs d'été. (22 44 10 20 ; www.bolgenogmoi.no ; Tjuvholmen allé 5 ; plats 189-285 NOK ; 11h-22h lun-sam, 15h-21h dim ; Aker brygge)

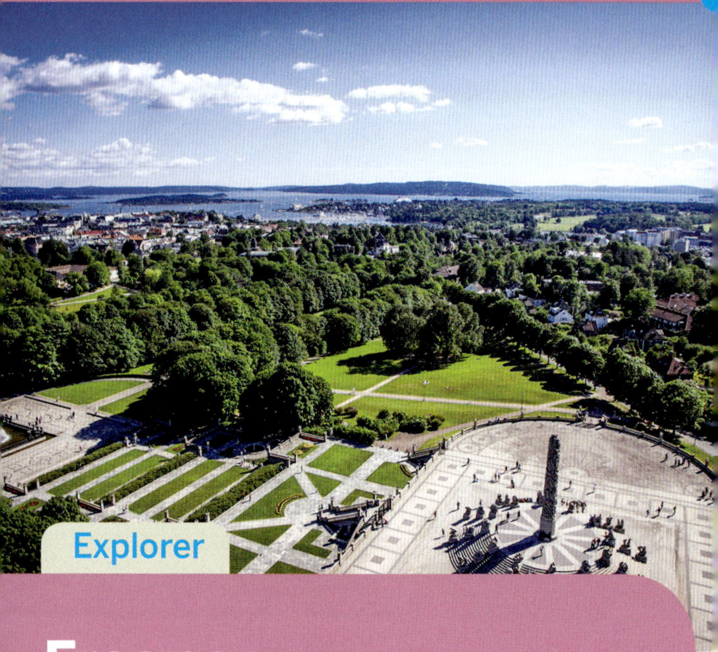

Frogner et l'ouest d'Oslo

Essentiellement résidentiel, le très chic secteur ouest d'Oslo – c'est là que l'immobilier est le plus cher de tout le pays – s'étend de l'arrière du Palais royal au parc de Frogner. On peut y faire de délicieuses balades le long des rues arborées et bordées de superbes immeubles et hôtels particuliers du XIXe siècle. Le quartier compte aussi quelques sites incontournables, ainsi que de nouveaux bars et restaurants intéressants.

L'essentiel en un jour

Prenez le T-bane ou le tramway direction le **parc de sculptures Vigeland** (p. 66) où les statues géantes du sculpteur le plus célèbre de Norvège vous bouleverseront sans aucun doute. Prenez le temps de vous prélasser sur la pelouse du très bucolique **parc de Frogner**(p. 70).

Restez dans le parc et rejoignez le **musée Vigeland** (p. 70) pour découvrir la méthode de travail du sculpteur et son atelier. Pique-niquez ensuite à l'ombre des arbres, avant de visiter le **musée de la Ville d'Oslo** (p. 74), juste à la sortie sud du parc.

Regagnez le centre en flânant au fil des rues chics du quartier de Frogner. Au passage, repérez la **Bibliothèque nationale** (p. 74) et **l'institut Nobel** (p. 74). Jetez un œil sur les expositions d'art conceptuel à **Oslo Contemporary** (p. 74), un ancien garage reconverti en galerie d'art. Terminez votre journée par un dîner au **Fyr Bistronomi** (p. 77).

Pour vivre une journée 100% comme un habitant de Frogner, voir p. 70

Les incontournables

Parc de sculptures Vigeland (p. 66)

Vivre comme un habitant

Balade dans Frogner (p. 70)

Le meilleur du quartier

Prendre un verre

Champagneria (p. 78)

Shopping

Utopia Retro Modern (p. 78)

Nomaden (p. 78)

Avec des enfants

Parc Frogner (p. 70)

Gratuit

Parc de sculptures Vigeland (p. 66)

Comment y aller

Tramway Le quartier est desservi par les lignes n°12 et n°13 depuis le centre et Grünerløkka.

T-bane La ligne n°2 circule entre la gare centrale et Majorstuen.

Les incontournables
Parc de sculptures Vigeland

Gustav Vigeland (1869-1943) est sans aucun doute le sculpteur préféré des Norvégiens. Ses quelque 200 statues monumentales en granit, en bronze et en fer parsèment et subliment le vaste parc de Frogner. Toutes représentent des femmes, des hommes et des enfants de tous âges et servent un thème unique : le cycle de la vie.

Vigelands skulpturpark

Plan p. 72, B3

www.vigeland.museum.no/no/vigelandsparken

Nobels gate 32

mar-dim 12h-16h

T Borgen

Le portail de l'entrée principale

L'entrée principale du parc, dans Kirkeveien, est marquée par un majestueux portail en granit et en fer forgé, avec des grilles d'entrée de chaque côté pour les piétons. Bien que très géométrique, cette entrée possède un côté organique et léger – visant peut-être à préparer le visiteur à l'expérience qui l'attend à l'intérieur.

Le pont

Élément le plus ancien du parc, ce pont long de 100 m est aussi le plus attachant avec ses sculptures de bébés et d'enfants. C'est là que se trouve notamment le fameux *Sinnataggen*, un bronze figurant un "garçon en colère". En levant le nez, notez les curieuses colonnes, presque futuristes, qui représentent des humains aux prises avec de grands lézards.

La fontaine

Après avoir longtemps caressé le rêve d'une fontaine monumentale, Vigeland parvint à ses fins au début du XXe siècle. Mais cette œuvre extraordinaire, clairement influencée par le Jugendstil, dut attendre 1924 pour trouver sa place dans le parc. On notera le formalisme stylistique souligné par le bronze et l'élégance rythmique de la composition. Vingt bosquets d'arbres abritent des silhouettes humaines, décrivant le grand voyage entre le berceau et la tombe. Les reliefs en bronze qui ornent la partie extérieure du bassin ne furent achevés qu'en 1947, après maintes modifications. Eux aussi décrivent le cycle ininterrompu de la vie.

Le Monolithe

Dominant des escaliers ponctués de sensuels couples en granit, le *Monolithe* trône au point culminant du parc. Sculptée dans un énorme bloc de granit, cette œuvre de plus de 14 m repose sur un socle

À savoir

- Visitez aussi le musée Vigeland (p. 70), l'ancien atelier de Gustav Vigeland.
- Un peu plus à l'ouest, le **musée Emanuel Vigeland** (Emanuel Vigeland Museum ; 22 14 57 88 ; www.emanuelvigeland.museum.no ; Grimelundsveien 8 ; adulte/enfant 50 NOK/gratuit ; 12h-17h dim mai-sept, 12h-16h oct-avr ; T Smestad) est un musée consacré au frère de Gustav, artiste lui aussi.

Une petite faim ?

Juste après l'entrée principale, le Kafe Vigeland propose boissons et en-cas. Si vous avez besoin d'un remontant après toutes ces émotions, le Herregårdskroen, proche du musée Vigeland, est aussi une bonne adresse.

La Roue de la vie de Gustav Vigeland

de 3 m. Ici, les corps humains s'enlacent tout en s'escaladant les uns les autres pour progresser vers le haut. Après le pont, tout en émotion, et la fontaine, tout en résignation mélancolique, cette œuvre dynamique célèbre le désir et la transcendance (malgré une dimension brutale assez effrayante).

La Roue de la vie

La Roue de la Vie, dont la première version date de 1933-1934, se situe à l'endroit le plus éloigné de l'entrée du parc. Constituée de corps humains entremêlés, elle résume le thème unique du parc, celui d'un élan ininterrompu qui nous pousse à vouloir avancer tout en nous accrochant les uns aux autres pour trouver un soutien.

Les autres sculptures

Le Clan est une autre sculpture intéressante. Avec ses 21 personnages entremêlés, cette œuvre est la plus imposante du parc après le *Monolithe*. Juste après l'entrée principale, près de la grille, se trouve un autoportrait de Vigeland (1942), avec sa blouse et ses outils de sculpteur.

Parc de sculptures Vigeland

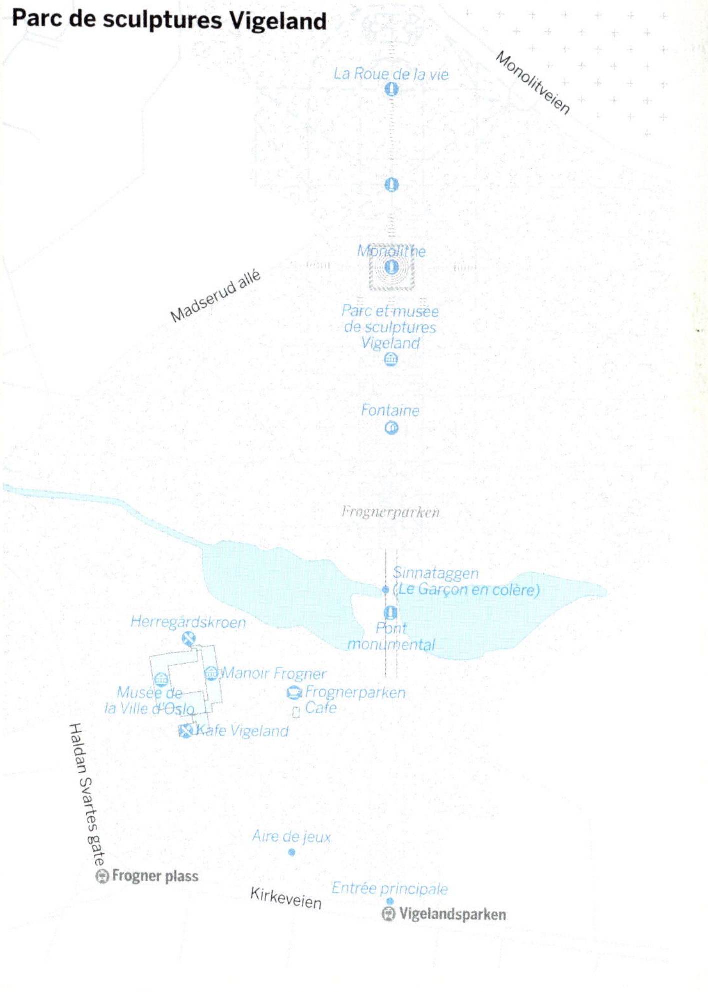

100% Oslo
Promenade dans Frogner

Situé dans la partie ouest de la ville, le parc de Frogner est un des sites les plus visités de Norvège. De nombreux touristes viennent ici pour le parc de sculptures Vigeland (p. 66), incontournable, mais oublient de profiter du parc et du quartier alentour… pourtant l'un des plus chics et plaisants d'Oslo. Faites comme les habitants, prélassez-vous sur la pelouse s'il fait beau, et profitez des boutiques et des restaurants du quartier.

❶ Rencontrer Gustav

Pour découvrir la fascinante méthode de travail de Gustav Vigeland, moules et croquis à l'appui, rendez-vous au **musée Vigeland** (Vigeland Museet ; www.vigeland.museum.no ; Nobels gate 32; adulte/enfant 60/30 NOK, gratuit avec l'Oslo Pass ; ⌚10h-17h mar-dim mai-août, 12h-16h mar-dim le reste de l'année ; 🚌20, 🚋12, 🚌N12, T Borgen), où l'artiste vivait et travaillait. La rencontre avec les œuvres proprement dites n'en sera

que plus intéressante. Les après-midi d'été, profitez d'un concert de musique classique après avoir acheté votre billet (accès au musée inclus) le jour même.

2 D'une sculpture à l'autre

La quantité de sculptures disséminées à travers le parc est presque écrasante. Si tous les yeux se tournent vers le *Monolithe,* ne manquez pas *La Roue de la Vie* côté ouest, un enchevêtrement de corps humains exprimant la perception cyclique de l'existence selon Vigeland.

3 Piquer une tête

Prévoyez votre maillot de bain s'il fait chaud (oui !, cela arrive à Oslo en plein été). Les lecteurs de Jo Nesbø reconnaîtront aisément la piscine **Frognerbadet** (☎23 27 54 50 ; Middelthuns gate 28 ; adulte/enfant 98/48 NOK ; ⌚7h-19h30 lun-jeu, 7h-20h ven-dim juin à mi-août ; T Borgen), théâtre d'un meurtre glaçant dans *Le Léopard.*

4 S'accorder une pause

Dépassez le sombre lac du parc et allez au **Herregårdskroen**, un joli pavillon d'été couleur jaune pâle. Dans ce lieu délicieusement désuet, sirotez une boisson fraîche sur la terrasse en écoutant le chant des oiseaux et le vent dans les feuilles. Une fois le parc de sculptures Vigeland dépassé, le parc recouvre toute sa sérénité...

5 Rêver dans Bygdøy allé

La **Bygdøy allé** est une des artères où l'immobilier est le plus cher de tout le pays. Les immeubles du XIXe siècle qui la bordent sont magnifiques, parmi les plus beaux de la ville. Ils abritent des boutiques très appréciées des habitants du quartier.

6 Au paradis de la pizza

Après un après-midi passé au grand air, quoi de mieux pour recharger les batteries qu'une bonne pizza ? La **Villa Paradiso** (☎917 67 639 ; www.villaparadisofrogner.com ; Sommerrogata 17 ; plats 239-310 NOK, pizza 105-195 NOK ; ⌚11h-23h lun-ven, 12h-23h sam-dim ; 🚌30, 31, N12, N30, 🚋Solli), spacieuse, à l'ambiance décontractée, est le rendez-vous des amoureux de la pizza dans l'ouest de la capitale.

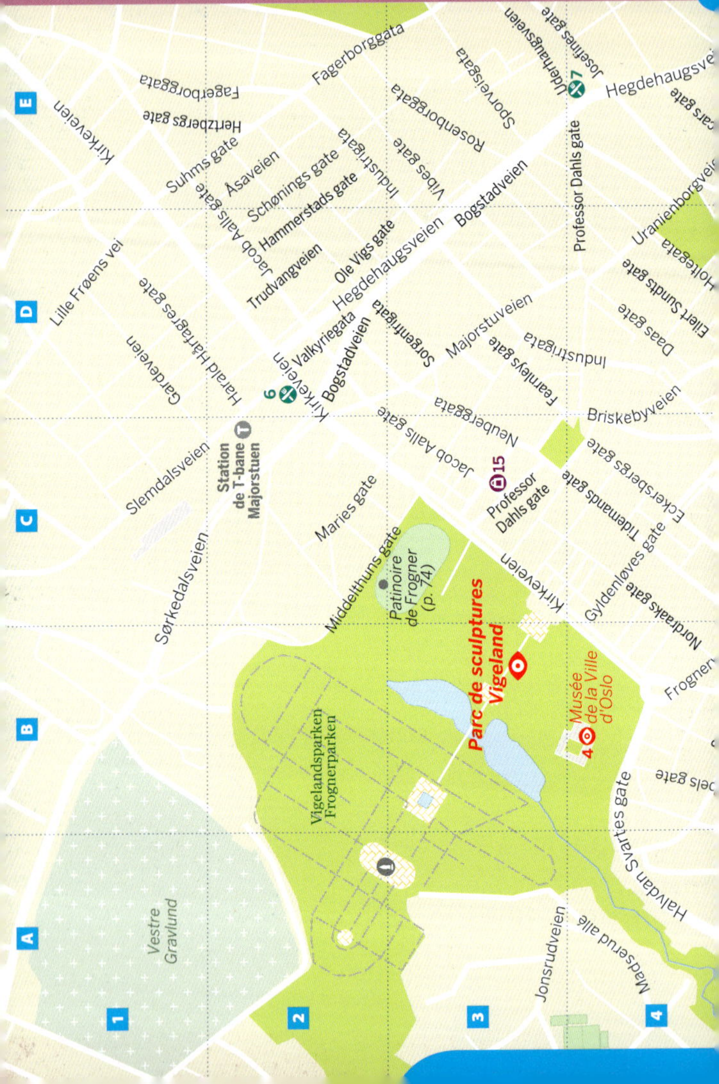
A
B
C
D
E
1
2
3
4
Kirkeveien
Fagerborggata
Hertzbergs gate
Suhms gate
Åsaveien
Schønings gate
Hammerstads gate
Industrigata
Vibes gate
Rosenborggata
Sporveisgata
Uelandsgate
Uderhaugsveien
Josefines gate
7
Hegdehaugsveien
Professor Dahls gate
Bogstadveien
Uranienborgveien
Holtegata
Eilert Sundts gate
Daas gate
Industrigata
Majorstuveien
Fearnleys gate
Sorgenfrigata
Hegdehaugsveien
Ole Vigs gate
Trudvangveien
Jacob Aalls gate
Lille Frøens vei
Harald Hårfagres gate
Gardeveien
Valkyriegata
Kirkeveien
Bogstadveien
6
Station de T-bane Majorstuen
Slemdalsveien
Sørkedalsveien
Neubergata
Jacob Aalls gate
15
Professor Dahls gate
Briskebyveien
Eckersbergs gate
Tidemands gate
Gyldenløves gate
Nordraaks gate
Kirkeveien
Maries gate
Middelthuns gate
Patinoire de Frogner (p. 74)
Parc de sculptures Vigeland
Musée de la Ville d'Oslo
4
Frognerveien
Vigelandsparken Frognerparken
Halvdan Svartes gate
Jonsrudveien
Maderud alle
Vestre Gravlund

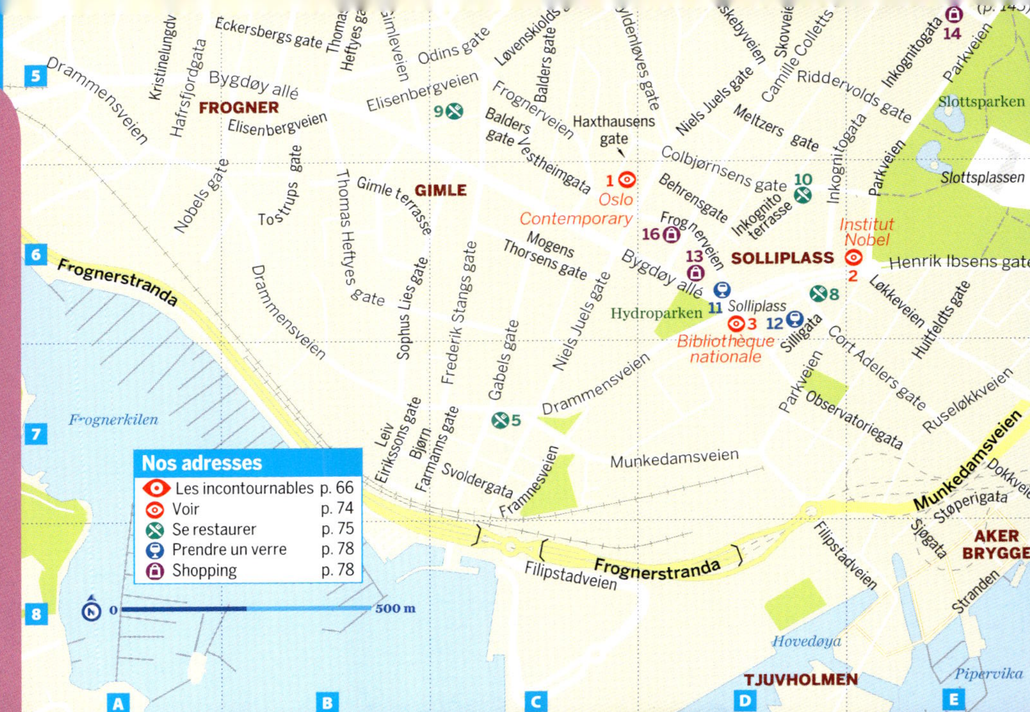
Nos adresses
Les incontournables p. 66
Voir p. 74
Se restaurer p. 75
Prendre un verre p. 78
Shopping p. 78
0
500 m
FROGNER
GIMLE
SOLLIPLASS
AKER BRYGGE
TJUVHOLMEN
1 Oslo Contemporary
2 Institut Nobel
3 Bibliothèque nationale
5
8
9
10
11
12
13
14
16
Slottsparken
Slottsplassen
Hydroparken
Frognerkilen
Hovedøya
Pipervika
Frognerstranda
Drammensveien
Bygdøy allé
Munkedamsveien
Filipstadveien
Henrik Ibsens gate
Solliplass
Kristinelundv
Hafrsfjordgata
Eckersbergs gate
Elisenbergveien
Odins gate
Løvenskiolds gate
Balders gate
Frognerveien
Haxthausens gate
Niels Juels gate
Meltzers gate
Camille Colletts
Riddervolds gate
Inkognitogata
Parkveien
Vestheimgata
Colbjørnsens gate
Behrensgate
Frognerveien
Inkognito terrasse
Nobels gate
Tostrups gate
Thomas Heftyes gate
Gimle terrasse
Mogens Thorsens gate
Sophus Lies gate
Frederik Stangs gate
Gabels gate
Leiv Eirikssons gate
Bjørn Farmanns gate
Svoldergata
Framnesveien
Løkkeveien
Huitfeldts gate
Silligata
Cort Adelers gate
Observatoriegata
Ruseløkkveien
Dokkveien
Støperigata
Sjøgata
Stranden
A
B
C
D
E
5
6
7
8

Voir

Oslo Contemporary GALERIE

1 Plan p. 72, C6

La meilleure galerie d'art dans les quartiers ouest d'Oslo. Installée dans un ancien garage, elle représente une sélection notable d'artistes conceptuels prometteurs ou confirmés, originaires de Norvège pour la majorité. (23 27 06 76 ; www.oslcontemporary.com ; Haxthausens gate 3 ; 12h-17h mar-ven, 12h-16h sam ; Niels Juels gate)

Institut Nobel BÂTIMENT, BIBLIOTHÈQUE

2 Plan p. 72, E6

On ignore la raison exacte qui poussa Alfred Nobel à confier la gestion de son fameux prix de la paix à la Norvège. Quoi qu'il en soit, un comité de cinq Norvégiens, nommés pour six ans par le Parlement (Storting) norvégien, élit chaque année le lauréat dans le plus grand secret. La bibliothèque, ouverte au public, possède quelque 200 000 volumes consacrés à l'Histoire et à la politique, à la paix et à l'économie. (Norske Nobelinstitutt 22 12 93 00 ; www.nobelpeaceprize.org ; Henrik Ibsens gate 51 ; gratuit ; 8h-15h lun-ven ; Solli)

Bon plan

Sur la glace et dans l'eau

En hiver, la **patinoire de Frogner** (plan p. 72, C2 ; 910 05 955 ; www.frognerstadion.no ; Middelthunsgate 26 ; adulte/enfant 40/15 NOK ; 11h-22h lun-jeu, 11h-21h ven, 11h-18h sam-dim déc-mars ; T Borgen) est idéale pour une récréation familiale. Comptez de 100 à 150 NOK pour la location des patins. L'été, la magnifique piscine Frognerbadet (p. 71) est un endroit formidable pour se rafraîchir.

Bibliothèque nationale BIBLIOTHÈQUE

3 Plan p. 72, D6

Cette bibliothèque très moderne conserve des documents clés du patrimoine culturel norvégien – manuscrits du XIIIe siècle, films, magazines, partitions musicales, etc. Les expositions temporaires mettent en avant divers aspects du fonds. (Nasjonalbiblioteket ; 23 27 60 11 ; www.nb.no ; Henrik Ibsens gate 110 ; gratuit ; 9h-18h juin-sept, 8h30-15h30 lun-ven oct-mai ; Solli)

Musée de la Ville d'Oslo MUSÉE

4 Plan p. 72, B4

Situé près de l'entrée sud du parc de sculptures Vigeland, cet agréable musée est logé dans le manoir Frogner, un bâtiment du XVIIIe siècle construit sur l'emplacement d'une maison viking. Sa visite offre un délicieux instantané de l'histoire de la ville et de la vie des Norvégiens à travers les époques. (Oslo Bymuseet ; 23 28 41 70 ; www.oslomuseum.no ; Frognerveien 67 ; gratuit ; 11h-16h mar-dim ; Solli)

L'entrée de l'Institut Nobel

Se restaurer

Hos Thea

NORVÉGIEN **€€€**

5 Plan p. 72, C7

C'est un des vétérans du premier boom gastronomique de la capitale et une sympathique adresse fréquentée par ceux qui veulent s'offrir une soirée d'exception. Installé dans une ancienne boucherie depuis 1987, le Hos Thea propose de savoureux plats aux accents français (foie gras en brioche) et italiens (risotto, raviolis), mais surtout norvégiens. (22 44 68 74 ; www.hosthea.no ; Gabelsgata 11 ; plats 340 NOK, menu 4/6 plats 555/755 NOK ; 17h-22h dim-jeu, 17h-22h30 ven-sam ; Skillebekk)

Park 29

INTERNATIONAL **€€€**

6 Plan p. 72, D2

Installé dans l'une des plus anciennes villas en bois d'Oslo (où résida autrefois le compositeur Halfdan Kjerulf, puis un légendaire marchand de voitures), ce restaurant est une des meilleures adresses d'Oslo. L'été, on peut se restaurer dans les jardins. La carte mixe spécialités norvégiennes et plats internationaux, toujours joliment dressés dans les assiettes. Quant à la carte des vins (français, italiens, espagnols et allemands), haut de gamme, c'est une merveille !. (481 70 000 ; www.park29.no ; Parkveien 29 ; plats 295-335 NOK ; Riddervolds plass)

Autoportrait de Gustav Vigeland

Comprendre

Gustav Vigeland

Le sculpteur Gustav Vigeland (1869-1943) naît dans une famille de paysans de Mandal, dans l'extrême sud de la Norvège. Dès l'enfance, il développe un vif intérêt pour le protestantisme, ainsi que pour la sculpture sur bois et le dessin – des éléments qui domineront toute son œuvre. En 1888, il devient l'apprenti du sculpteur Brynjulf Bergslien. L'année suivante, il présente sa première création lors de l'Exposition nationale d'Art. C'est un tournant : il est remarqué en Norvège et à l'étranger.

En 1891, Vigeland se rend à Copenhague, puis à Paris et en Italie, où il travaille auprès de plusieurs maîtres. Il sera particulièrement marqué par l'œuvre d'Auguste Rodin. Sa bourse d'études épuisée, il retourne en Norvège où il gagne sa vie en restaurant la cathédrale de Nidaros, à Trondheim, et en exécutant des portraits de commande pour le compte de riches Norvégiens.

En 1921, après des décennies de travail acharné, son talent est enfin reconnu par la ville d'Oslo, qui lui offre un vaste atelier. Ce dernier abrite aujourd'hui un musée consacré au sculpteur.

Fyr Bistronomi

NÉO-NORDIQUE **€€**

7 Plan p. 72, E4

Une adresse fréquentée par la clientèle aisée de l'ouest d'Oslo, mais pourtant décontractée. Ici, l'accent est mis sur les grillades, qu'il s'agisse de homard, de crevettes, de bœuf wagyu ou de cou de porc. Pour autant, l'endroit n'a rien d'un grill et affiche une maîtrise subtile des accompagnements, sauces et en-cas. La carte des vins est raffinée, comme les cocktails. (www.fyrbistronomi.no ; Underhaugsveien 28 ; plats 140-240 NOK, menu 550-695 NOK ; 18h-23h mar-sam, bar lounge à partir de 11h30 ; Vigelandsparken)

Alex Sushi

SUSHIS **€€€**

8 Plan p. 72, D6

Assis autour d'un élégant bar ovale, on déguste ici les meilleurs sushis d'Oslo (paraît-il). On peut commander à la carte, mais les habitués optent pour l'*omakase* (le choix du chef, 1 150 NOK). Dans tous les cas, attendez-vous à la perfection, à défaut d'innovation. Les meilleurs fruits de mer norvégiens, préparés simplement, côtoient les incontournables salade et tempura, homard au gratin. (22 43 99 99 ; www.alexsushi.no ; Cort Adelers gate 2 ; menu 495-1150 NOK ; 16h-23h ; Solli)

Feinschmecker

NORVÉGIEN **€€€**

9 Plan p. 72, C5

Cet établissement gastronomique a beau avoir perdu son étoile au Michelin, il n'en demeure pas moins une valeur sûre dans le quartier. On y sert des plats norvégiens d'aujourd'hui, à base d'excellents produits locaux. On peut aussi venir juste pour un verre de vin ou un repas léger. (22 12 93 80 ; www.feinschmecker.no ; Balchens gate ; plats 325-425 NOK, menu 4/7 plats 895/1 395 NOK ; 17h-21h lun-sam ; Elisenberg)

Åpent Bakeri

CAFÉ **€**

10 Plan p. 72, D6

Une boulangerie de quartier où l'on sert le café dans de grands bols couleur crème, avec de succulents pains et pâtisseries. Un petit pain frais tartiné de *røre syltetøy* (confiture) maison et savouré dans le patio constitue l'un des meilleurs petits-déjeuners d'Oslo. (22 04 96 67 ; Inkognito terrasse 1 ; en-cas 45-129 NOK ; 7h30-17h lun-ven, 9h-16h sam-dim ; Inkognitogata)

100% Oslo

À l'ouest !

Les habitants de l'ouest d'Oslo n'ont plus besoin de traverser la ville pour profiter des restaurants branchés des quartiers est. La Solli plass, animée, est bordée de bonnes adresses pour manger ou boire un verre. Dans le quartier de Grünerløkka, la **Villa Paradiso** (plan p. 72, D6 ; 917 67 639 ; www.villaparadisofrogner.com ; Sommerrogata 17 ; plats 239-310 NOK, pizza 105-195 NOK ; 11h-23h lun-ven, 12h-23h sam-dim ; 30, 31, N12, N30, Solli) est absolument incontournable.

100% Oslo

Festival rock

Oslo accueille des dizaines de festivals de musique. L'un des plus connus est **Norwegian Wood** (www.norwegianwood.no ; juin), organisé dans le cadre décalé de la piscine Frognerbadet (p. 71). Son excellente sélection de groupes norvégiens et internationaux attire une foule de fidèles.

Prendre un verre

Champagneria

BAR À VINS

11 Plan p. 72, D6

Outre le champagne – bien représenté ici –, le Champagneria sert du cava d'Espagne et du prosecco d'Italie. L'établissement, installé sur deux étages, est particulièrement animé à l'heure de la sortie des bureaux. Un petit choix de tapas est proposé. (21 08 09 09 ; www.champagneria.com ; Frognerveien 2 ; 16h-1h lun-mer, 16h-3h jeu-ven, 13h-3h sam, 16h-23h dim ; Solli)

Palace Bar

BAR

12 Plan p. 72, D6

C'est ici que vous trouverez la population aisée de l'ouest d'Oslo en train de siroter un cocktail ou de descendre des bières. À l'arrière, le bar avec ses rangées de bocaux dans lesquels sont conservés serpents, poupées et vieux téléphones. Si vous souhaitez faire durer la soirée, le petit restaurant (7 tables) situé à l'avant propose un menu quotidien avec 10 plats. (Solligata 2 ; 18h-22h lun-sam ; Solli)

Shopping

Utopia Retro Modern

VINTAGE, DÉCO

13 Plan p. 72, D6

Avant d'entrer pour traquer les trésors du design des année 1950, admirez l'extérieur de cette boutique, conçu par Arne Korsmo et Sverre Aasland en 1929 dans le style fonctionnaliste, vraiment caractéristique de cette époque. On y trouve de très nombreuses pièces du monde entier, mais amusez-vous à repérer les merveilles norvégiennes, qu'il s'agisse d'originaux ou de rééditions, signées de designers comme Torbjørn Afdal, Gunnar Sørlie et Sven Ivar Dysthe. (408 60 460 ; www.utopiaretromodern.com ; Bygdøy allé 7 ; 12h30-18h jeu-ven, 13h-16h sam ; Solli)

Nomaden

LIVRES

14 Plan p. 72, E5

Une librairie qui fera rêver tous les nomades dans l'âme, avec des étagères débordant de guides, de cartes et de littérature de voyage. L'idéal pour choisir sa prochaine destination. (23 13 14 15 ; www.nomaden.no ; Uranienborgveien 4 ; 10h-18h lun-ven, 10h-17h sam ; 17B)

Sur le marché aux puces de Vestkanttorget

Marché aux puces de Vestkanttorget

PUCES

15 Plan p. 72, C3

Si vous aimez chiner des T-shirts absolument introuvables et des cafetières en céramique des années 1950, n'allez pas chercher plus loin, vous êtes au bon endroit. Installé sur la place qui jouxte Professor Dahls gate, à quelques rues à l'est du parc Vigeland, ce marché aux puces constitue une excellente destination pour un samedi matin. (Amaldus Nilsens plass ; 10h-16h sam ; T Majorstuen)

Hassan og Den Dama

MODE ET ACCESSOIRES

16 Plan p. 72, D6

Une adresse incontournable dans Skovveien. On y vend des vêtements, des chaussures et des bijoux signés de créateurs scandinaves et internationaux. (dendama.com ; Skovveien 4 ; 10h-18h lun-ven, 10h-14h sam ; Solli)

Les incontournables

Tremplin de saut à ski de Holmenkollen

Comment y aller

Ligne 1 jusqu'à Holmenkollen.

Ce site emblématique, perché sur une colline surplombant la ville, offre une combinaison typiquement norvégienne de sport et de design de haut vol – sans oublier le grand air et la vue, naturellement. Le tremplin de Holmenkollen, qui accueille le festival de ski du même nom depuis plus d'un siècle, est un des équipements sportifs les plus visités du monde.

Le tremplin de l'ère moderne

Le tremplin de saut à ski de Holmenkollen a été reconstruit à 19 reprises ! La dernière version devrait durer encore un bon moment… Conçu par le cabinet dano-belge JDS Architects, le site a été officiellement inauguré avec un saut de 106,5 m réussi par la Norvégienne Anette Sagen en mars 2010. Le design a parfaitement répondu à toutes les exigences du site pour aboutir à cette structure spectaculaire, qui met les skieurs en vedette tout en les protégeant du vent. Une paroi en treillis métallique inoxydable habille le tremplin, qui culmine à 58 m. La structure en porte-à-faux de 69 m est la plus longue du monde.

Un siècle de ski

Bien avant la création du tremplin, les Norvégiens dévalaient déjà les belles pentes de Holmenkollen. C'est ici que se déroule depuis 1892 le **festival de ski de Holmenkollen** (☎22 92 32 00 ; skifest.no ; Kongeveien 5 ; ⏲début mars). Cet événement est si populaire que le "dimanche de Holmenkollen", début mars, est ironiquement désigné comme la seconde fête nationale. Il y a un siècle, les premiers sauteurs atterrissaient à 20 m ; les skieurs d'aujourd'hui dépassent régulièrement les 140 m.

Le plus ancien musée du Ski du monde

Depuis 1923, le **musée du Ski** (Kongeveien 5 ; avec accès au tremplin de Holmenkollen adulte/enfant 130/65 NOK, gratuit avec l'Oslo Pass ; ⏲9h-20h juin-août, 10h-17h mai et sept, 10h-16h le reste de l'année ; T Holmen) retrace des milliers d'années d'histoire de ce sport. On peut y voir des sculptures rupestres représentant des adeptes du hors-piste de l'âge de pierre, des skis vikings, ainsi que des salles consacrées à l'exploration polaire, au snowboard et au ski moderne ou aux aurores boréales. Le musée est joliment installé dans la montagne, à l'ombre du vertigineux tremplin.

☎916 71 947

www.holmenkollen.com

Adulte/enfant 130/65 NOK, gratuit avec l'Oslo Pass

⏲9h-20h juin-août, 10h-17h mai et sept, 10h-16h le reste de l'année

☑ À savoir

- Holmenkollen est situé à 20 minutes du centre par les transports publics.
- Prenez un pique-nique et offrez-vous une journée de randonnée dans la forêt voisine de Nordmarka.

Une petite faim ?

Le **Lysebu Hotel** (☎21 51 10 00 ; www.lysebu.no ; Lysebuveien 12 ; s/d 1 900/ 2 300 NOK ; P ; T Voksenkollen), accessible rapidement en T-bane ou à pied en 50 minutes, possède un restaurant chic de nouvelle cuisine nordique. Marchez jusqu'à la forêt de Nordmarka et arrêtez-vous à **Ullevålseter** (www.ullevalseter.no ; Maridalen ; gaufre 35-59 NOK ; ⏲10h-16h mar-ven, 9h-19h sam-dim) pour une gaufre.

Explorer

Grünerløkka et Vulkan

Une courte balade dans Grünerløkka – surnom “Løkka” – suffit à réaliser qu’il serait difficile d’ajouter ici un café, une friperie ou un bar... ! Faites comme les créatifs d’Oslo (les étudiants des écoles d’art et de design par exemple) : prenez un café, picorez une petite assiette, dégustez un vin et enchaînez les bières. L’animation est aussi de l’autre côté de l’Akerselva, dans l’ancien quartier industriel de Vulkan, en pleine renaissance.

L'essentiel en un jour

Commencez là où tout a commencé, sur **Olaf Ryes plass**, où se trouvent certains des bars, restaurants, cafés et salles de concerts les plus solidement implantés dans le quartier. Puis explorez les rues alentour après un café matinal au légendaire **Tim Wendelboe** (p. 94).

Baladez-vous au bord de la rivière **Akerselva** (p. 87), le long de ses berges très boisées. Admirez en chemin les bâtiments industriels et les zones de rapides où l'eau est étonnamment tumultueuse. Au nord, **Rod Bianco** (p. 85) et **Standard** (p. 87) sont deux des meilleures galeries d'art de toute la ville. Allez ensuite déjeuner à **Mathallen Oslo** (p. 89).

Pour dîner et prendre un verre, vous pourrez miser sur **Territoriet** (p. 94) ou **Le Benjamin** (p. 91). Pour davantage de restaurants ou une véritable tournée des bars, rendez-vous dans Torggata ou Fredensborgveien. Pour un concert ou une folle nuit sur le dance-floor, le mieux est de gagner le quartier de Vulkan et les établissements un peu en hauteur sur la colline de Møllergata.

Pour vivre une journée 100% comme un habitant de Grünerløkka, voir p. 84.

100% Oslo

Virée alternative à Grünerløkka (p. 84)

Le meilleur du quartier

Se restaurer

Bass (p. 88)

Pjoltergeist (p. 88)

Syverkiosken (p. 89)

Munchies (p. 90)

Villa Paradiso (p. 90)

Wünderburger (p. 90)

Prendre un verre

Territoriet (p. 94)

Torggata Botaniske (p. 94)

Bettola (p. 96)

Dr Kneipp's Vinbar (p. 90)

Grünerløkka Brygghus (p. 96)

Crowbar & Brewery (p. 95)

Mir (p. 94)

Paul's Boutique (p. 85)

Comment y aller

Tramway Les n°11, n°12 et n°13 traversent Grünerløkka directement depuis le centre-ville.

Bus De Sannergata à Grünerløkka, le n°21 roule direction ouest jusqu'à St Hanshaugen puis descend Akker Brygge.

100% Oslo
Virée alternative à Grünerløkka

Allez faire la fête à Løkka avec la jeunesse bohème de la capitale. Cet ancien quartier prolétaire, quadrillage prosaïque d'immeubles construits pour loger les ouvriers des usines bordant la rivière Akerselva, est aujourd'hui devenu l'épicentre d'Oslo en matière de bars, de restaurants et de cafés. Plusieurs galeries et la plus grande école d'art et de design du pays sont également installées ici – et les étudiants en art savent *toujours* s'amuser !

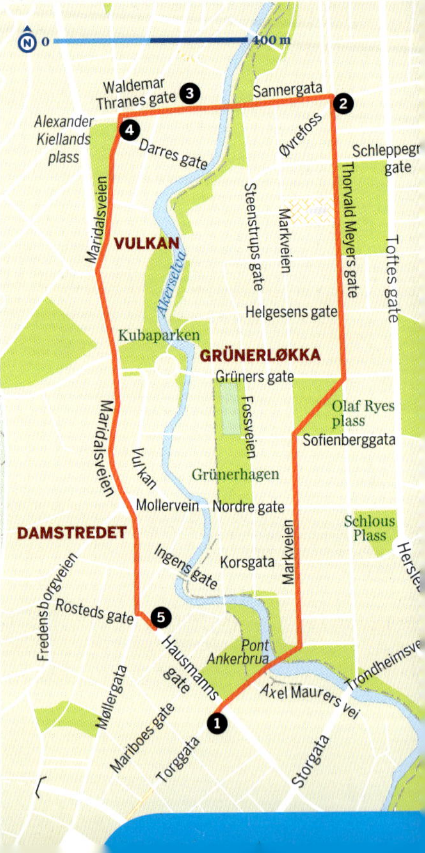

❶ L'heure du burger

Débutez votre exploration par un burger à composer vous-même à **Wünderburger** (voir p. 90), un lieu toujours bondé dans Torggata. Les steaks hachés sont préparés avec du bœuf de grande qualité (animaux nourris à l'herbe sur la côte occidentale de l'île de Lofoten) et on choisit sa cuisson. En été, installez-vous en terrasse avec une bière pour observer le ballet des passants dans cette zone piétonnière et festive.

❷ Pause café

Lors de votre balade dans Grünerløkka, vous noterez qu'il y a un café à chaque angle de rue et que beaucoup d'habitants du quartier équipés d'un ordinateur portable semblent avoir leurs habitudes au **Supreme Roastworks** (☎22 71 42 02 ; www.srw.no ; Thorvald Meyers gate 18a ; ⏲7h-17h ; 🚋Birkelunden). Tenu par un excellent barista, c'est un des meilleurs cafés du quartier et même d'Oslo, avec le légendaire Tim Wendelboe. Commandez un expresso ou un café filtre, et observez la torréfaction des grains tout en dégustant votre petit noir.

❸ Galerie d'art

Le quartier compte un grand nombre de galeries d'art, à vocation plus ou moins commerciale. Pour trouver **Rod Bianco** (☎997 87 475 ; www.rodbianco.com ; Waldemar Thranes gate 84c ; ⏲12h-17h mar-ven, 12h-16h sam ; 🚌30), il faut marcher un peu... et chercher. Mais les artistes, non conformistes, valent généralement bien un détour, comme le provocateur Bjarne Melgaard. Une fois arrivé à l'adresse, passez par l'arrière et prenez l'escalier juste avant l'atelier de mécanique. Consultez l'agenda des vernissages et événements, tout le monde est bienvenu.

❹ Terrasse ou ping-pong ?

La terrasse de **Paul's Boutique** (☎483 87 730 ; www.facebook.com/PaulsBoutiqueOslo ; Darres gate 1 ; ⏲14h-0h30 dim-jeu, 14h-3h ven-sam ; 🚌54) est extrêmement prisée dès que le soleil pointe son nez, car elle permet de boire une bière avec vue sur la pelouse triangulaire de l'Alexander Kiellands plass. Les habitants se retrouvent ici pour échapper à la foule du week-end autour de l'Olaf Ryes plass, où les soirées hip-hop et les tournois de ping-pong sont aussi très attrayants...

❺ Le bon son

L'animation bat son plein dans Hausmanns gate les soirs de week-end (et souvent en semaine également), avec une enfilade d'établissements bordant la rue elle-même mais aussi celles qui descendent jusqu'à Vulkan et son ambiance festive, en bord de rivière. Situé en haut d'une volée de marches dans l'un des solides édifices de la rue, le **Kafe Hærverk** (☎930 95 357 ; www.kafe-haerverk.com ; Hausmanns gate 34 ; ⏲18h-3h30 lun-ven, 16h-3h30 sam-dim ; 🚌54) est réputé pour ses fabuleux sets d'électro, ses groupes de rock indie et son choix de boissons, avec notamment des vins naturels.

A
B
C
D
1
2
3
4
5
Nos adresses
Voir p.
Se restaurer p.
Prendre un verre p.
Sortir p.
Shopping p.
VULKAN
GRÜNERLØKKA
SOFIENBERG
DAMSTREDET
GRØNLAND
2 Standard
5 Vulkan Klatresenter
1 Galleri 69
4 Studio Schaeffers Gate 5
3 Akerselva
Sannergata
Waldemar Thranes gate
Darres gate
Øvrefoss
Hesselbergs gate
Schleppegrells gate
Herman Foss gate
Fougstads gate
Waldemar Thranes gate
Uelands gate
Kingos gate
Vøyensvingen
Maridalsveien
Alexander Kiellands plass
Casparis gate
Bjerregaards gate
Akersbakken
Kubaparken
Steenstrups gate
Markveien
Paulus plass
Thorvald Meyers gate
Birkelunden
Seilduksgata
Fossveien
Helgesens gate
Toftes gate
Gøteborggata
Fjellgata
Grüners gate
Olaf Ryes plass
Sofienberggata
Sofienbergparken
Telthusbakken
Vulkan
Akersveien
Scandic Vulkan et Hotell (p. 145)
Grünerhagen
Vår Frelsers Gravlund
Mollervein
Nordre gate
Schæffers gate
Rathkes gate
Schlous Plass
Schous plass
Fredensborgveien
Damstredet
Brenneriveien
Nedre gate
Ingens gate
Korsgata
Torvbakkgt
Leirfallsgata
Søndre gate
Trondheimsveien
Sars gate
Rosteds gate
Deichmans gate
Hausmanns gate
Pont Ankerbrua
Axel Maurers vei
Anker Hostel (p. 145)
Herslebs gate
Heimdalsgata
Jens Bjelkes gate
Jardin botaniqu
Thor Olsens gate
Møllergata
Mariboes gate
Torggata
Osterhaus gate
Storgata
Lakkegata
Vahls gate
Grubbegata
Bernt Ankers gate
Hammersborggata
Hospitalsgata
Nyalndsveien
Urtegata
Motzfeldts gate
Eva Kolstads gate
Youns gate
Christian Krohgs gate
Akerselva
Brugata
Breigata
Norbygata
Tøyengata
Møllergata
Torggata
Storgata
Nygata
Stenersgata
Pont Vaterlands
Nyalndsveien
Station de T-bane Grønland
Grønlandsleiret
Kirkeristen
Stortorvet
Sonja Henies plass
Smalgangen

Au bord de la rivière Akerselva

Voir

Galleri 69

GALERIE

1 Plan p. 86, C3

Cette galerie gérée par des artistes se trouve au sein du complexe Grünerløkka Lufthavn réunissant studios de répétition et ateliers d'artistes. Des spectacles y sont programmés. Consultez les horaires sur le site Internet (22 38 00 28 ; www.lufthavna.no/galleri-69 ; Toftes gate 69 ; Schous plass)

Standard

GALERIE

2 Plan p. 86, B1

Cette galerie, active depuis plus de dix ans sur la scène artistique d'Oslo, comprend deux espaces d'exposition occupant un bâtiment industriel. On peut y découvrir des artistes norvégiens et d'Europe du Nord, notamment la star du moment à Oslo, Matias Faldbakken. (22 60 13 10 ; www.standardoslo.no ; Waldemar Thranes gate 86 ; 12h-17h mar-ven, 12h-16h sam ; 30)

Akerselva

RIVIÈRE

3 Plan p. 86, B4

S'écoulant de Maridalsvannet jusqu'au fjord d'Oslo, cette rivière au débit rapide fut le cœur battant de l'industrie d'Oslo, avant d'être délaissée jusqu'à la fin du XXe siècle. Aujourd'hui, ses berges boisée s'étendant sur 8 km sont l'un des meilleurs endroits de la ville pour se détendre : cascades, aires de pique-nique, zones de baignade, circuits de jogging et spots de pêche. Les chutes du pont Beier sont une merveille naturelle en pleine ville. (54)

Studio Schaeffers Gate 5

GALERIE

4 Plan p. 86, C3

Cet espace géré par des artistes accueille régulièrement spectacles, performances et événements divers. Voir la programmation sur le site Internet. (452 18 078 ; www.schaeffersgate5.no ; Schaeffers Gate 5 ; 16h-19h jeu-ven, 13h-19h sam-dim ; Schous plass)

Vulkan Klatresenter

ESCALADE

5 Plan p. 86, A2

Une salle d'escalade équipée de murs et de blocs, et adaptée à tous les niveaux. Ouverte uniquement l'après-midi en semaine de juin à août. (22 11 28 90 ; www.kolsaas.no ; Maridalsveien 17 ; adulte/enfant à partir de 80/65 NOK ; 10h-22h lun-jeu, 10h-21h ven, 10h-20h sam-dim ; 54)

Se restaurer

Pjoltergeist

FUSION €€

6 Plan p. 86, A3

Un simple regard dans cet espace sombre en sous-sol et votre curiosité sera piquée au vif ; la découverte de la carte ne fera qu'accentuer le mystère... Le chef islandais Atly Mar Yngvason combine les ingrédients de son pays natal à ceux de son pays d'adoption, la Norvège, avec des techniques et des assaisonnements de Corée et du Japon ! Les saveurs sont toujours audacieuses, les ingrédients parfois déstabilisants (un peu de cœur d'élan ?) et le dressage très ludique. (402 37 788 ; www.pjoltergeist.no ; Rosteds gate 15 ; 18h-0h30 mar-sam ; 54)

Bass

NÉO-NORDIQUE €€

7 Plan p.86, C1

Ce qui pourrait n'être qu'un café de plus à Grünerløkka, est une des meilleures adresses de la ville pour un repas sous forme de petites assiettes. La plupart combinent des influences norvégiennes contemporaines et des touches internationales – poulet grillé et galettes de pommes de terre, légine au beurre roux et gâteau au chocolat à tomber. (482 41 489 ; www.bassoslo.no ; Thorvald Meyers gate 26 ; plats 70-175 NOK ; 17h-1h mar-sam, 15h-20h dim ; Birkelunden)

Kontrast

NÉO-NORDIQUE €€€

8 Plan p. 86, B3

L'espace industriel et minimaliste constitue un écrin parfait pour les plats joliment présentés, qui marient sobriété et élégance à une parfaite maîtrise technique. Les ingrédients, toujours de saison, sont bio et produits de façon éthique ; la viande provient d'animaux élevés en plein air ou de gibier. Depuis que l'établissement a une étoile au Michelin, il faut réserver longemps à l'avance. (21 60 01 01 ; www.restaurant-kontrast.no ; Maridalsveien 15a ; 6/10 plats 950/1 250 NOK, petites assiettes 135-225 NOK ; 18h-minuit mar-sam ; 54)

Bon Lio

ESPAGNOL, GASTRONOMIQUE €€€

9 Plan p. 86, A3

On pourrait craindre le choc culturel entre la gastronomie espagnole et la jolie maison en bois norvégienne… l'ensemble est en fait très réussi. Bon Lio n'a rien de formel, mais quelques règles sont à respecter : réservation obligatoire, comme le menu dégustation. Vous aurez alors le droit à un défilé de plats alliant techniques méditerranéennes, produits norvégiens et influences asiatiques ! (467 77 212 ; www.bonlio.no ; Fredensborgveien 42 ; menu 795 NOK ; 18h-0h30 mar-ven, 17h-0h30 sam ; 34)

Syverkiosken

HOT DOGS €

10 Plan p. 86, B1

Loin d'être une création artificielle pour hipsters, ce petit bar à *pølser* (hot dogs) est ultra authentique et l'un des derniers du genre à Oslo. Les saucisses sont servies dans une galette de pommes de terre ou dans le petit pain classique, et il y a un large choix d'accompagnements traditionnels en plus de la sauce et de la moutarde. (967 08 699 ; Maridalsveien 45 ; hot dogs à partir de 20 NOK ; 9h-23h30 lun-ven, 11h-23h30 sam-dim ; 34)

Mathallen Oslo

MARCHÉ COUVERT €€

11 Plan p. 86, B2

Au bord de la rivière, cet ancien entrepôt industriel est désormais un vaste espace consacré au meilleur de la cuisine et des produits norvégiens, mais pas seulement. Regroupant des dizaines de traiteurs, cafés et restaurants miniatures, le lieu est animé tout au long de la journée et jusque tard dans la soirée. (www.mathallenoslo.no ; Maridalsveien 17, Vulkan ; 8h-1h mar-ven, 9h30-1h sam-dim ; 54)

Taco República

TACOS €

12 Plan p. 86, B4

Avant que n'ouvre cette véritable *taqueria*, il n'y avait à Oslo que des restaurants tex-mex médiocres. Cet espace lumineux où l'on s'assoit sur des chaises d'écoliers propose un large choix de tacos garnis d'ingrédients frais et locaux et de préparations maison (ceux au poisson sont succulents). Tous les tacos sont préparés sur place et sans gluten. (400 57 665 ; www.tacorepublica.no ; Torggata 30 ; tacos 58-70 NOK ; 12h-23h mar-jeu, 12h30-0h30 ven-sam, 14h-22h dim ; 34)

100% Oslo

Dans un conte de fées

L'Akerselva est enjambée par de nombreux ponts, plus pittoresques les uns que les autres. Si les points de vue sont superbes depuis le **pont Ankerbrua** (plan p. 86, B4), ce sont les bronzes de Dyre Vaa (1937), sur chacune des berges, qui vous marqueront sans doute le plus. Ils représentent des scènes de contes traditionnels norvégiens d'Asbjørnsen et Moe, dont *Peer Gynt*, *Kari Trestakk* et le fascinant *Ours-roi Valemon*, représenté ici sous la forme d'un gros ours avec une princesse nue sur le dos.

Wünderburger

BURGERS €

13 Plan p. 86, B4

Excellents burgers, préparés avec du bœuf de Lofoten élevé au grand air, des petits pains briochés et des garnitures au choix. Les burgers végétariens sont savoureux et le pain sans gluten est meilleur que la moyenne. (Torggata 37 ; burgers 90-120 NOK ; 11h-22h lun-jeu, 11h-3h ven, 12h-3h sam, 13h-23h dim ; 34)

Liebling

CAFÉ €

14 Plan p. 86, B1

Parmi les nombreux établissements installés à proximité de la KHiO (faculté des Arts d'Oslo), ce fabuleux café de style berlinois est idéal pour un long petit-déjeuner tardif avec votre ordinateur portable ou un peu de lecture. Très large choix de gâteaux, certains sans cuisson et sans gluten. Le café est torréfié à Supreme Roastworks. Bières et vins allemands et autrichiens sur la carte. (24 02 23 02 ; Øvrefoss 4 ; assiettes 125 NOK, sandwichs 65-85 NOK ; 8h-20h mar-ven, 10h-20h sam-lun ; Birkelunden)

Munchies

BURGERS €

15 Plan p. 86, C2

Munchies est constamment bondé et l'addition grimpe vite, mais c'est incontestablement la meilleure adresse à Oslo pour un burger et des frites. Installez-vous sur un tabouret à côté de la fenêtre et n'hésitez pas à goûter une ou deux bières artisanales. (www.munchies.no ; Thorvald Meyers gate 36 ; burgers 92-115 NOK ; 11h-22h dim-mer, 11h-minuit jeu, 11h-3h ven-sam ; Schous plass)

Kamai

ASIATIQUE €€

16 Plan p. 86, C3

Deux adresses pour le prix d'une : une cantine et point de vente de sushis et *bao* (petits pains à la vapeur) à emporter à l'avant, un restaurant dissimulé derrière la cour à l'étage, où l'on déguste de petites assiettes raffinées d'une cuisine fusion asiatico-nordique. Exemples : cœur de renne fumé, anguille aux pommes de terre ou saumon au wasabi et au chou. (23 89 79 66 ; www.kamai.no ; Korsgata 25 ; plats 129-175 NOK, repas 4 plats 485 NOK, bao et sushis 70-210 NOK ; restaurant 17h-1h mer-dim, vente à emporter 15h-21h lun-ven, 11h-23h sam ; Schous plass)

Villa Paradiso

PIZZAS €€

17 Plan p. 86, C2

Près du grand parc de Grünerløkka, avec une terrasse en été. Selon beaucoup, il s'agit de la meilleure pizzeria de la capitale – ce qui n'est pas rien dans une ville obsédée par la pizza ! Il y a tout le temps du monde et l'ambiance est toujours festive. (22 35 40 60 ; www.villaparadiso.no ; Olaf Ryes plass 8 ; pizza 154-194 NOK ; 8h-23h lun-ven, 10h-23h sam-dim ; Olaf Ryes plass)

Dr Kneipp's Vinbar

NORVÉGIEN €€

Petite succursale tranquille de l'enseigne Markveien Mat & Vinhus (**19** plan p. 86, B3), Dr Kneipp's est l'endroit parfait pour déguster du vin servi au verre (à choisir parmi 400 crus environ), à accompagner d'en-cas légers comme du maquereau

L'art du café chez Tim Wendelboe (p. 94)

fumé ou du *carne crudo* (bœuf cru) à l'italienne. Vous pourrez aussi commander un plat de la carte du Markveien. Le cheesecake est légendaire. (☎22 37 22 97 ; www.markveien.no ; Torvbakkgt 12 ; plats 175-265 NOK ; ⏲16h-1h lun-sam ; Schous plass)

Le Benjamin

FRANÇAIS €€€

18 Plan p. 86, C4

Un bistrot d'inspiration française, à l'ambiance classe sans être guindée. On y sert par exemple une friture de sardines, du pigeon poché, un turbot en croûte de sel, des tartines d'os à moelle, sans oublier le plat du jour. Bonne carte des vins comportant de nombreux crus français. Réservez une table ou venez tôt pour une place en terrasse. (☎22 35 79 44 ; www.lebenjamin.no ; Søndre gate 6 ; plats 248-310 NOK ; ⏲16h-23h mar-dim ; Schous plass)

Markveien Mat & Vinhus

NORVÉGIEN €€€

19 Plan p. 86, B3

Difficile de rivaliser avec cette charmante adresse située au sud de Grünerløkka. Ici l'ambiance est traditionnelle et cosy. Installez-vous à l'une des tables éclairées aux bougies et savourez des plats classiques (et parfois internationaux) comme le jarret d'agneau aux légumes-racines, le confit de canard aux lentilles ou la lotte aux radis et chou d'été. (☎22 37 22 97 ;

Une rue dans le quartier de Grünerløkka

www.markveien.no ; Torvbakkgt 12 ; plats 280-325 NOK, 3/5 plats 455/615 NOK ; 16h-1h lun-sam ; Heimdalsgata)

Kasbah

MOYEN-ORIENTAL €

20 Plan p. 86, B1

De copieuses assiettes de falafels, des pitas garnies et des assortiments de mezze, des canapés pour se poser, du reggae en fond sonore et des meubles de récup en déco. Aussi relaxant qu'une paire de babouches marocaines ! (21 94 90 99 ; www.thekasbah.no ; Kingos gate 1b ; plats 98-165 NOK, mezze 47-79 NOK ; 11h-1h lun-ven ; Biermanns gate)

Teddy's Soft Bar

AMÉRICAIN €

21 Plan p. 86, B5

Le jukebox dans un coin donne au Teddy's Soft Bar un petit goût des États-Unis des années 1950. Cette institution locale n'a guère changé depuis des décennies et ses burgers se marient parfaitement aux milkshakes. On peut aussi venir pour une simple bière. (22 17 36 00 ; Brugata 3a ; plats 95-120 NOK ; 11h-1h lun-sam ; Brugata)

Hotel Havana

ESPAGNOL €

22 Plan p. 86, C2

Avec ses céramiques andalouses bleues et blanches, ce petit établissement s'inspire clairement d'un bar espagnol. La nourriture est hispanique également, mais avec une touche norvégienne : goûtez par exemple la soupe de poisson façon Bergen à midi. Bon choix de tapas classiques pour éponger la sangria. (23 23 03 23 ; www.hotelhavana.no ; Thorvald Meyers gate 38 ; plats 80-120 NOK ; 10h-minuit dim-mer, 10h-1h jeu, 10h-2h ven-sam ; Brugata)

Far East

ASIATIQUE €

23 Plan p. 86, B5

On vient dans ce petit restaurant modeste et très populaire pour les plats thaïlandais et vietnamiens légers et frais : curries, soupes et nouilles. (22 20 56 28 ; Bernt Ankers gate 4 ; plats 80-120 NOK ; 13h-minuit ; Brugata)

Nighthawk Diner

BURGERS €€

24 Plan p. 86, C2

Un *diner* 100% américain digne d'une peinture d'Edward Hopper, avec banquettes en similicuir, jukebox, présentoirs à ketchup et comptoir Art déco. Au menu : burgers, milkshakes et hot dogs. Bœuf élevé dans la région et sauces maison. (966 27 327 ; www.nighthawkdiner.com ; Seilduksgata 15 ; plats 159-269 NOK ; 7h-23h lun-jeu, 7h-1h ven, 10h-1h sam, 10h-23h dim ; Birkelunden)

100% Oslo

Une journée au parc

Quand il fait beau, il n'y a pas meilleur endroit pour passer la journée que le **parc Grünerhagen** (plan p. 86, B3), au bout de Grünersgate. Rejoignez les habitants et les étudiants sur la pelouse pour un agréable moment de détente. Vous allez regretter de ne pas avoir vous aussi un mini-gril pour improviser un barbecue.

Mucho Mas
MEXICAIN €€

25 Plan p. 86, C2

Pour l'authenticité mexicaine, il faudra repasser, mais le fromage dégoulinant et les portions généreuses compensent largement. Tout le répertoire tex-mex est ici déployé, *tacos*, *nachos* et *burritos* (énormes) ; les plats sont proposés avec ou sans viande. Les bières à prix raisonnables font passer le feu en bouche. (22 37 16 09 ; www.muchomas.no ; Thorvald Meyers gate 36 ; plats 95-210 NOK ; 12h-minuit lun-jeu, 12h-3h ven-sam ; Olaf Ryes plass)

Süd Øst
INTERNATIONAL €€€

26 Plan p. 86, C4

La grande terrasse surplombant la rivière est idéale pour prendre le soleil… Cette adresse haut de gamme est spécialisée dans la cuisine fusion d'Asie du Sud-Est. Vous pouvez aussi vous contenter d'un cocktail aux saveurs asiatiques. (23 35 30 70 ; www.sudost.no ; Trondheimsveien 5 ; plats 165-299 NOK ; 11h-23h dim-jeu, 11h-1h ven-sam ; Heimdalsgata)

Prendre un verre

Torggata Botaniske
BAR À COCKTAILS

27 Plan p. 86, B4

Une profusion de plantes d'intérieur (et même des plantes aromatiques), de belles lampes et chaises des années 1950, des lustres et beaucoup de marbre et de miroirs. Si vous n'êtes pas totalement séduit par le cadre, les boissons feront le reste, avec des préparations à base de fruits frais, alcools de qualité et ingrédients produits sur place. (980 17 830 ; Torggata 17b ; 17h-1h dim-mer, 17h-2h jeu, 14h-3h ven-sam ; Brugata)

Territoriet
BAR À VINS

28 Plan p. 86, C4

Ce véritable bar à vins de quartier est le meilleur de la ville. Les propriétaires sont des passionnés et proposent 300 vins au verre, sans carte. Précisez vos goûts et votre budget (n'oubliez pas que vous êtes en Norvège) et les serveurs trouveront votre bonheur. Si vous préférez commander une bière ou un gin tonic, personne ne s'en offusquera. (www.territoriet.no/ ; Markveien 58 ; 16h-1h lun-ven, 12h-1h sam-dim ; Schous plass)

Tim Wendelboe
CAFÉ

29 Plan p. 86, B2

Tim Wendelboe a la réputation d'avoir lancé la révolution du café en Scandinavie et le café-brûlerie éponyme est à la fois un repaire de travailleurs free-lance et un lieu de pèlerinage pour les amateurs de caféine. Tous les grains sont soigneusement sélectionnés et torréfiés à la main (brûleur sur place), et tous les breuvages, du café filtre glacé au cappuccino classique, sont d'une qualité irréprochable. (400 04 062 ; www.timwendelboe.no ; Grüners gate 1 ; 8h30-18h lun-ven, 11h-17h sam-dim ; Schous plass)

Mir
BAR

30 Plan p. 86, C3

Au sein de Grünerløkka Lufthavn – un centre artistique organisé autour d'un

La terrasse du Mucho Mas

jardin sur cour typique, où résident de nombreux artistes, performeurs et musiciens locaux – Mir est la garantie de passer un excellent moment. Déco simulant une station spatiale (on vous prêtera même un casque de cosmonaute), bières artisanales, vodka au piment maison et événements quotidiens : sets de musique électro, bœufs de jazz, DJ et soirées quizz. (22 37 39 70 ; www.lufthavna.no ; Toftes gate 69 ; 18h-1h ; Schous plass)

Oslovelo

BAR

31 Plan p. 86, C2

La petite reine est à l'honneur dans ce café-bar lumineux et convivial Petit-déjeuner servi toute la journée (café provenant de Supreme), bières en tous genres, notamment celles de la Grünerløkka Brewery et DJ en soirée. Si vous voyagez avec votre vélo, sachez que les réparations et la vente de pièces sont assurées. (23 23 05 53 ; www.oslovelo.com ; Seilduksgata 23 ; 10h-3h30 lun-ven, 9h-3h30 sam, 10h-1h dim ; Birkelunden)

Crowbar & Brewery

BRASSERIE

32 Plan p. 86, B4

Cette immense brasserie sur deux niveaux produit sa propre bière et sert des créations de Haandbryggeriet, Lindheim, Amundsen et Voss, ainsi que d'intéressantes bières danoises, suédoises et américaines. (21 38 67 57 ;

www.crowbryggeri.com ; Torggata 32 ; 15h-3h ; 34)

Hytta

BAR

33 Plan p. 86, C3

Vous n'aurez jamais assez de temps pour découvrir tous les bars de Løkka, mais vous remarquerez Hytta pour son atmosphère joyeuse, ses hauts tabourets et ses disques de Zeppelin. Pour une adresse plutôt rock, le vin au verre est satisfaisant. (45 40 55 52 ; Thorvald Meyers gate 70 ; 14h-3h ; Schous plass)

Bar Boca

BAR

34 Plan p. 86, C2

Un bar de quartier, avec une ambiance années 1980 et un personnel ultra accueillant. On y sert surtout des bières, mais les cocktails, classiques, sont savamment dosés. Très animé le week-end et festif même quand tous les autres établissements semblent en veille. Un incontournable de Grünerløkka. (22 04 13 77 ; Thorvald Meyers gate 30 ; 11h-1h dim-jeu, 11h-3h ven-sam ; Olaf Ryes plass)

Bortenfor

BAR

35 Plan p. 86, B3

La seule indication de l'existence du Bortenfor est le portail dans Brenneriveien. Si vous vous perdez, gagnez le pont à côté du mythique club Blå, ne tournez pas à droite, continuez tout droit. Outre le cadre splendide des berges, vous découvrirez une ambiance douillette et policée, de la bonne musique, des cocktails aux influences norvégiennes et des vins au verre très corrects. (922 66 683 ; www.ingensteds.no ; Brenneriveien 7 ; 16h-1h mar-dim ; 54)

Hendrix Ibsen

CAFÉ

36 Plan p. 86, B3

L'adresse est idéale pour prendre un café à emporter et aller se balader au bord de l'Akkerselva, mais la tentation est grande de fouiner dans les vieux vinyles, d'acheter du café torréfié à Oslo ou de rester pour une session de DJ en début de soirée. (457 97 150 ; www.hendrixibsen.rocks ; Vulkan 20 ; lun-jeu 8h-23h, 8h-15h30 ven-sam, 10h-13h dim ; 54)

Bettola

BAR À COCKTAILS

37 Plan p. 86, C4

Le mobilier années 1950, le joli carrelage au sol et les gentils serveurs confèrent une atmosphère chaleureuse à ce bar. On peut y boire l'un des meilleurs Negroni d'Oslo et le prix des cocktails et des vins est raisonnable. (www.facebook.com/bettolacocktailbar ; Trondheimsveien 2 ; 16h-1h lun-jeu, 16h-3h ven-sam)

Grünerløkka Brygghus

PUB

38 Plan p. 86, C2

Dans ce pub-microbrasserie pittoresque sont brassées toutes sortes de bières, des pilsners aux *Weißbiers* (bières blanches). Également des bières en bouteille, dont des raretés comme la *surøls* et les bières de Noël scandinaves. Si votre estomac crie famine, commandez au bar : burgers, saucisses-purée et *fish and chips*. Les bancs dans la rue sont pris

Comprendre

À plein tube !

À Oslo, la scène musicale est très dynamique : la ville accueille plus de 5 000 concerts par an. Il y a des salles un peu partout, mais la plupart se trouvent dans Møllegata, à Vulkan, à Grünerløkka et à Grønland.

Il y a des concerts toute l'année, avec un pic à la fin du printemps, en été et au début de l'automne, période durant laquelle plusieurs festivals de renommée internationale ont lieu. Le plus important à Oslo et en Norvège est **Øya** (www.oyafestivalen.com ; Tøyenparken ; pass journée 950 kr ; début août ; T Tøyen), qui se tient dans le Tøyenparken, à l'est de la capitale. Ce festival a la particularité d'être très écologique : ses multiples scènes sont alimentées en énergie renouvelable et tous les déchets sont recyclés. **OverOslo** (www.overoslo.no ; Grefsenkollveien 100 ; Jun) mise sur le fabuleux environnement naturel de la ville : ce festival de 3 jours se déroule dans un amphithéâtre naturel et boisé, au nord de la ville, avec une vue allant jusqu'au fjord d'Oslo. Plus proche du centre, Norwegian Wood (p. 78) est dédié aux artistes scandinaves et se déroule dans le superbe cadre de la piscine Frognerbadet.

Alors que mettre sur votre play-list spéciale Oslo ? Voici quelques pistes, avec différents styles et époques.

Lindstrøm & Prins Thomas (Lindstrøm & Prins Thomas ; 2005). Un duo de DJ maîtres du space disco. De grandes envolées et beaucoup d'aigus.

Dead Cats (Captain Credible ; 2015). Électro saccadée et excentrique.

Scandinavian Leather (Turbonegro ; 2003). L'album "deathpunk" (mélange de rock, punk et heavy metal) sorti après la reformation du groupe, plus gros vendeur de disques d'Oslo.

Staying (Diskjokke ; 2009). L'électro scandinave minimaliste du talentueux DJ.

Hunting High & Low (A-Ha ; 1986). Premier album du célèbre groupe de pop.

Massive Cauldron of Chaos (1349 ; 2014). Le plus sombre du black metal.

d'assaut mais tentez votre chance. (www.brygghus.no ; Thorvald Meyers gate 30 ; 15h-1h lun-mar, 15h-2h mer-jeu, 15h-3h ven, 12h-3h sam, 12h-minuit dim ; Olaf Ryes plass)

Villa

CLUB

39 Plan p. 86, A4

Ce club résolument dédié à la house et à l'électro aurait la meilleure sonorisation de la ville. Soirées les vendredi et samedi, parfois des concerts le jeudi : à surveiller. (www.thevilla.no ; Møllergata 23 ; 23h-3h ven-sam ; Brugata)

Colonel Mustard

PUB

40 Plan p. 86, B1

Ce grand pub au mobilier rétro porte le nom d'un personnage du jeu de société Cluedo. Grand choix de bières à la pression, recoins douillets et plateaux de Cluedo pour jouer. En cas de fringale, le *fish and chips*, le risotto ou l'osso buco sont des valeurs sûres. (21 95 05 00 ; www.colonelmustard.no ; Darres gate 2 ; 11h-1h dim-jeu, 11h-3h ven-sam ; 54)

Bon plan

Grande soif, petit budget

Si, pour alléger votre budget, vous faites des courses (les bars sont très chers en Norvège), sachez que les supermarchés vendent de la bière, mais que pour le vin et les alcools forts, vous devrez vous rendre dans une boutique **Vinmonopolet** (voir p. 101). Elles sont ouvertes jusqu'à 18h environ et sont fermées le dimanche.

Sortir

Rockefeller Music Hall

CONCERTS

41 Plan p. 86, B4

Les anciens bains publics sont devenus l'une des meilleures salles de concerts de la ville, accueillant une grande variété d'artistes et d'événements. (22 20 32 32 www.rockefeller.no ; Torggata 16 ; Brugata)

Parkteatret

CONCERTS

42 Plan p. 86, C2

Une salle de taille moyenne, très fréquentée par les habitants. Y sont programmés des artistes internationaux comme Shabazz Palaces et des locaux comme Lindstrom et Anna of the North. (22 35 63 00 ; www.parkteatret.no ; Olaf Ryes plass 11 ; Olaf Ryes plass)

Blå

CONCERTS

43 Plan p. 86, B3

Ici, il y en a pour tout le monde : des DJ (pour le hip-hop c'est la meilleure adresse), des concerts et du jazz (big band le dimanche après-midi depuis des années). En début de soirée, on vient pour prendre un verre et profiter de la terrasse au bord de l'eau. (www.blaaoslo.no ; Brenneriveien 9c ; 13h-4h ; 54)

Revolver

CONCERTS

44 Plan p. 86, A4

Un bar rock'n'roll sombre et (un peu) crado, avec un groupe résident. Parfait pour assister à un bon concert (local ou international), ou simplement pour

La terrasse du Blå, au bord de la rivière

boire un verre au bar à l'avant, parmi les musiciens. (☎22 20 22 32 ; www.revolveroslo.no ; Møllergata 32 ; 🕒18h-3h30 ; 🚋Brugata)

Oslo Spektrum

CONCERTS

45 ★ Plan p. 86, B5

Une des plus grandes salles de concerts, où passent beaucoup de stars mondiales. (☎22 05 29 00 ; www.oslospektrum.no ; Sonja Henies plass 2 ; 🚋Oslo Spektrum)

Shopping

Cappelens Forslag

LIVRES

46 🔒 Plan p. 86, B5

Cette librairie-café spécialisée dans les ouvrages rares ou cultes a tout pour séduire. Installez-vous avec un petit café sur le canapé, dans la salle du devant, et fouinez parmi les premières éditions et autres trésors, en anglais pour la plupart. Lectures, lancements de livres et concerts sont régulièrement organisés. (☎908 81 106 ; www.cappelensforslag.no ; Bernt Ankers gate 4 ; 🕒11h-18h lun-ven, 11h-16h sam ; 🚋Brugata)

Ensemble

MODE ET ACCESSOIRES

47 🔒 Plan p. 86, B3

Si Clean de Christina Ledang (talentueuse créatrice locale) est une des seules marques norvégiennes représentées ici, une sensibilité singulièrement "nordique" est pourtant palpable dans cette jolie boutique. Les vêtements de la marque danoise Norse Projects sont pendus au-dessus des chaussures du Suédois All Tomorrow's Parties. Découvrez aussi les fringues colorées et branchées de Swede Rodebjer ainsi que la lingerie coquette et les maillots de bains de la griffe néerlandaise Love Stories. (☎414 60 566 ; www.ensemble.as ; Nordre Gate 15 ; 11h-18h lun-ven, 10h-17h sam-dim ; Schous plass)

Hevn

MODE ET ACCESSOIRES

48 Plan p. 86, B4

La tendance nordique dans sa version la plus noire. Cette boutique est spécialisée dans un style minimaliste et un peu gothique de la mode scandinave. Vêtements pour hommes et femmes, bijoux, sacs et chaussures. Tout est fabriqué de manière éthique et de nombreux créateurs norvégiens, suédois et danois sont représentés. (☎400 62 430 ; www.hevn.no ; Torggata 36 ; 11h-19h lun-sam ; 34)

Chillout Travel Centre

LIVRES

49 Plan p. 86, B3

Le genre de boutique que l'on adore : du bon café, des plats goûteux du monde entier (dhal indien, en-cas d'Italie et gâteaux de partout... sauf de Norvège !), de nombreux articles indispensables pour barouder (des sacs et des chaussures par exemple) et une librairie spécialisée dans les voyages, avec de la littérature de voyage et des guides en norvégien et en anglais, notamment des Lonely Planet. (☎22 35 42 00 ; www.chillout.no ; Markveien 55 ; 10h-19h lun-sam, 12h-18h dim ; Schous plass)

Acne Studios Archive

MODE ET ACCESSOIRES

50 Plan p. 86, C4

Cette grande marque suédoise possède une poignée de belles boutiques à Oslo, mais celle-là est la plus indiquée pour faire des affaires, car on y pratique d'importantes remises sur les invendus de la collection précédente. N'hésitez pas à entrer juste pour admirer les superbes photos dans l'ancien atelier du sculpteur Gustav Vigeland. (☎22 60 93 00 ; www.acnestudios.com ; Markveien 60 ; 11h-19h lun-ven, 11h-18h sam-dim ; Schous plass)

Fransk Bazaar

VINTAGE

51 Plan p. 86, B2

Ce repaire pour francophiles est tenu par un sympathique couple franco-norvégien. La belle boutique renferme un réjouissant fouillis d'articles pour la maison, d'objets et de vêtements vintage de marques françaises. (www.franskbazar.no ; Grünersgate 5 ; 12h-18h mer-sam, 13h-17h dim ; Olaf Ryes plass)

Hasla

BIJOUX

52 Plan p. 86, C3

Ce joaillier norvégien façonne des motifs sobres inspirés de la nature ainsi que des pièces contemporaines de style scandinave. (☎922 78 777 ; www.hasla.no ; Markveien 54 ; 11h-18h lun-ven, 11h-16h sam ; Schous plass)

Un bâtiment typique du quartier de Grünerløkka

Marita Stiftelsen

VINTAGE

53 Plan p. 86, B4

Le paradis des chineurs ! Dans cette boutique caritative, les étagères débordent de vaisselle ancienne, lampes, verres et cafetières, et il y a un petit rayon de livres et de disques à l'étage. (☎22 38 19 20 ; www.marita.no ; Markveien 67 ; 11h-17h ; Biermanns gate)

Gulating Grünerløkka

BIÈRES

54 Plan p. 86, C3

Le paradis des amateurs de bières, avec l'une des plus larges sélections de Norvège : les classiques, les rares et les nouvelles. La gentillesse du personnel est un vrai plus. (☎958 42 611 ; www.facebook.com/GulatingOlutsalgGrunerlokka ; Markveien 48 ; 10h-20h mar-ven, 10h-18h sam, 12h-18h lun ; Schous plass)

Vinmonopolet

VINS

55 Plan p86, B3

Cette enseigne de la chaîne nationale spécialisée dans la vente de vins et spiritueux propose une belle sélection de vins italiens, espagnols et français (à prix raisonnables), en bouteille plastique avec bouchon à dévisser – pratique pour un pique-nique au bord de la rivière. Vente interdite aux moins de 20 ans. Les files d'attente sont longues les vendredi et samedi après-midi. (www.vinmonopolet.no ; Nordre gate 16 ; 10h-18h lun-jeu, 9h-18h ven, 9h-15h sam ; Schous plass)

Explorer

Sofienberg, Grønland et Tøyen

Les anciens quartiers ouvriers, à l'est de la ville, sont tout en contrastes. Ils ont été transformés d'abord par l'importante population immigrée, puis par une gentrification galopante ces dernières années. Sofienberg est un quartier résidentiel verdoyant. Grønland et Tøyen, avec leurs adresses tendance, sont les nouveaux Grünerløkka. Certains coins restent sulfureux – et c'est ce qui séduit les inconditionnels de Tøyen.

L'essentiel en un jour

Ces quartiers globalement résidentiels cachent en fait des sites vraiment intéressants. Commencez la journée par une balade à l'**Ekebergparken** (p. 107) et tenez-vous prêt à tomber sur des œuvres de Louise Bourgeois ou de Jake et Dinos Chapman au détour d'une allée boisée.

En été, déjeunez sur la terrasse idéalement située de l'**Ekebergrestauranten** (p. 109). N'oubliez pas d'admirer l'architecture du bâtiment, un chef-d'œuvre du style fonctionnaliste. Allez ensuite au Jardin botanique à pied ou en tram, pour observer les animaux arctiques empaillés du **Muséum d'histoire naturelle** (p. 108). Vous n'aurez qu'à traverser la rue pour visiter le **musée Munch** (p. 108), merveilleux musée consacré à l'incontournable peintre norvégien.

Commencez la soirée par un dîner néo-nordique au **Brutus** (p. 109). La bande-son rock'n'roll vous mettra dans l'ambiance pour une tournée des bars dans Grønland.

Pour vivre une journée 100% comme un habitant des quartiers est, voir p. 104.

100% Oslo

Balade dans les quartiers est (p. 104)

Le meilleur du quartier

Se restaurer

Brutus (p. 109)

Olympen (p. 110)

Handwerk (p. 109)

Ekebergrestauranten (p. 109)

Sortir

Gloria Flames (p. 111)

Musées

Musée Munch (p. 108)

Avec des enfants

Muséum d'histoire naturelle (p. 108)

Parcs

Jardin botanique (p. 108)

Comment s'y rendre

Tramway Depuis Jernbanetorget (station centrale), la ligne n°19 dessert l'Ekebergparken.

T-bane Les lignes n°1, n°2, n°3, n°4 et n°5 se rendent à Tøyen.

Vie locale
Balade dans les quartiers est

L'embourgeoisement rapide n'a pas dénaturé l'âme des quartiers est d'Oslo, où les rues historiques et authentiques sont animées et pleines de charme. Le quartier de Grønland, cosmopolite, compte nombre de restaurants bon marché, de bars branchés et la vie nocturne y est festive. Un peu plus excentré et encore majoritairement résidentiel, le quartier de Tøyen est en passe de devenir une destination gastronomique à part entière.

❶ Un curry et une bière

Découvrez la facette la plus vivante et cosmopolite d'Oslo en vous baladant dans cette rue animée. À midi, arrêtez-vous au **Punjab Tandoori** (☎22 17 20 86 ; www.punjabtandoori.no ; Grønlandsleiret 24 ; menu déj 80-90 NOK, plats 80-135 NOK ;

⌚11h-23h lun-sam, 12h-22h dim ; T Grønland), une cantine servant de délicieux curries d'Inde du Nord. Pour faire passer le feu des épices, rendez-vous ensuite dans l'un des nombreux pubs authentiques et sans chichis de la rue.

2 Un peu d'art

La galerie **1857** (☎22 17 60 50 ; www.1857.no ; Tøyenbekken 12 ; ⌚12h-17h mer-ven, 12h-16h sam-dim ; T Grønland) s'est installée dans un ancien dépôt de bois en 2010. Elle est gérée par des artistes et fait partie des galeries incontournables à Oslo. La galerie s'est fait une spécialité des collaborations entre artistes norvégiens et du reste de l'Europe, et même d'ailleurs. Les vernissages sont les plus festifs de la capitale.

3 Un village dans la ville

Une jolie balade mène à **Kampen** (🚌60, T Tøyen), un quartier résidentiel qui a conservé son architecture traditionnelle, fondamentalement norvégienne. L'église de Kampen, en pierre, est entourée de rues bordées de maisons en bois, souvent peintes en rouge et en orange. On a l'impression d'être dans une autre ville ! C'est une "escapade" charmante à tout moment de l'année, et particulièrement en automne...

4 Voyage dans le passé

Le quartier de **Gamlebyen**, sur le site même de la première ville médiévale, donne un aperçu de la vie quotidienne à Oslo au XIXᵉ siècle. Là, les maisons en bois comme celles de Kampen ont été remplacées par des immeubles et bâtiments ferroviaires. Sous ces édifices, il existe encore de nombreuses traces de l'histoire médiévale d'Oslo. On peut voir des ruines au **Middelalderparken**, le "parc médiéval", notamment celles de l'église Saint-Clément (Clemenskirken) et d'un cimetière datant de 1050 environ.

5 Et pourquoi pas Tøyen ?

Même si ces rues bordées de beaux immeubles d'habitation sont magnifiques et que le panorama le long de la rue Størligata est agréable, il n'y a en fait pas grand-chose à voir dans le quartier de Tøyen... En début de soirée, venez pour dîner ou prendre un verre au **Grådi** (☎978 80 544 ; www.facebook.com/gradirestaurantogbar ; Sørligata 40 ; plats 90-140 NOK ; ⌚11h-1h mar-sam, 11h-minuit dim ; T Tøyen), une adresse qu'affectionnent les habitants d'Oslo et qui réserve une jolie vue sur le quartier.

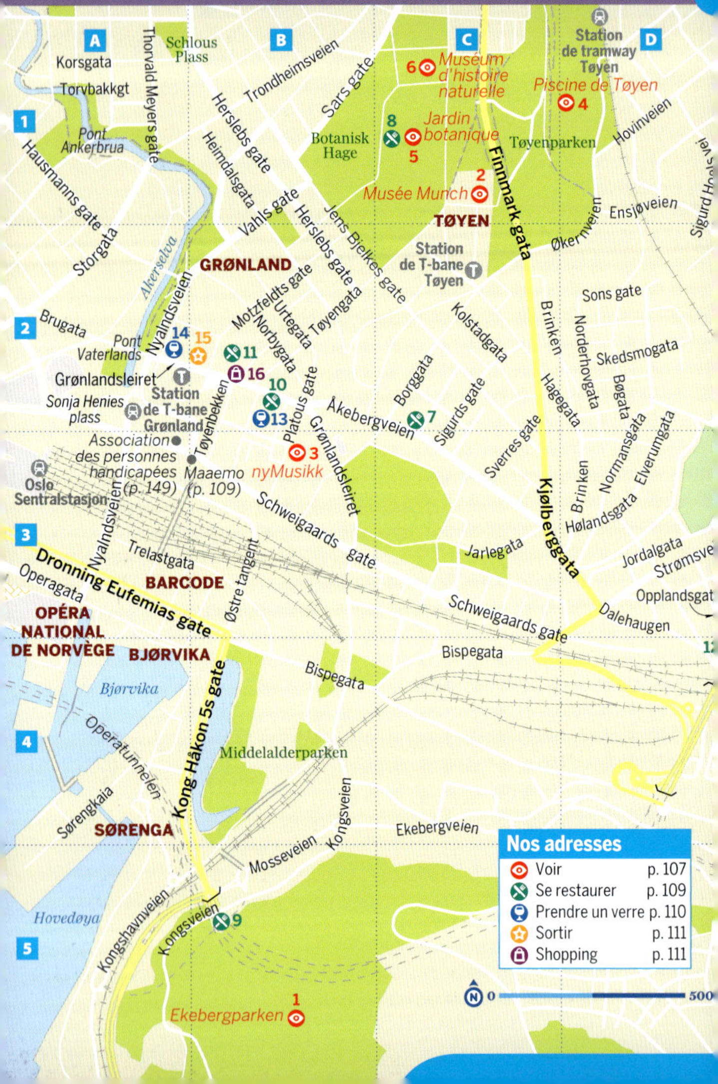
A
B
C
D
1
2
3
4
5
Korsgata
Torvbakkgt
Schlous Plass
Thorvald Meyers gate
Trondheimsveien
Sars gate
6 Muséum d'histoire naturelle
Station de tramway Tøyen
Piscine de Tøyen 4
Pont Ankerbrua
Hausmanns gate
Herslebs gate
Heimdalsgata
Botanisk Hage
8
Jardin botanique 5
Tøyenparken
Hovinveien
Finnmark gata
2
Musée Munch
Ensjøveien
Sigurd Hoels vei
Vahls gate
Herslebs gate
Jens Bjelkes gate
TØYEN
Økernveien
Storgata
Akerselva
GRØNLAND
Station de T-bane Tøyen
Nyalandsveien
Motzfeldts gate
Urtegata
Norbygata
Tøyengata
Kolstadgata
Brinken
Norderhovgata
Sons gate
Skedsmogata
Brugata
Pont Vaterlands
14
15
11
16
Grønlandsleiret
Station de T-bane Grønland
Sonja Henies plass
Tøyenbekken
10
13
Platous gate
Åkebergveien
Borggata
7
Sigurds gate
Hagegata
Bøgata
Grønlandsleiret
Sverres gate
Normansgata
Elverumgata
Association des personnes handicapées (p. 149)
Maaemo (p. 109)
3 nyMusikk
Oslo Sentralstasjon
Nyalndsveien
Schweigaards gate
Kjølberggata
Brinken
Hølandsgata
Trelastgata
Østre tangent
Jarlegata
Jordalgata
Strømsve
Dronning Eufemias gate
Operagata
BARCODE
Schweigaards gate
Opplandsgat
Dalehaugen
OPÉRA NATIONAL DE NORVÈGE
BJØRVIKA
Bispegata
Bispegata
Bjørvika
Kong Håkon 5s gate
Operatunnelen
Middelalderparken
Sørengkaia
SØRENGA
Kongsveien
Ekebergveien
Mosseveien
Hovedøya
Kongshavnveien
Kongsveien
9
Nos adresses
Voir p. 107
Se restaurer p. 109
Prendre un verre p. 110
Sortir p. 111
Shopping p. 111
0
500
1
Ekebergparken

L'entrée du musée Munch (p. 108)

Voir

Ekebergparken

PARC

1 Plan p. 106, B5

Dans cet immense parc public dominant la ville et le fjord d'Oslo ont été installées des sculptures appartenant au promotteur immobilier et collectionneur d'art Christian Ringnes. Notamment des œuvres de Louise Bourgeois, Marina Abramovíc, Jenny Holzer, Tony Oursler, Sarah Lucas, Tony Cragg et Jake et Dinos Chapman, ainsi que quelques sculptures des maîtres Rodin, Maillol et Vigeland. Ce parc de sculptures a consolidé la place d'Oslo dans le monde de l'art contemporain. Il faut au moins une demi-journée pour vraiment explorer et profiter du parc. Préparez-vous à une chasse au trésor plutôt qu'à une visite classique comme dans un musée ! Lorsque vous chercherez les différentes installations, n'oubliez pas de passer par l'**escalier d'Ekeberg**, d'où la vue est époustouflante, ainsi que par le **Munchpunktet**, le lieu qui inspira *Le Cri* (et une œuvre d'Abramovíc en 2013). Des activités pour enfants sont organisées dans la **Lund's Hut**, qui ressemble à un chalet suisse, où se trouve aussi un musée présentant la géologie et le milieu naturel du parc, ainsi qu'une boutique d'art et de design. (☎21 42 19 19 ; www.ekebergparken.com ; Kongsveien 23 ; gratuit ; 24h/24 ; Ekebergparken)

Musée Munch

MUSÉE

2 Plan p. 106, C1

C'est dans ce musée que se trouve la plus importante collection du monde d'œuvres d'Edvard Munch (1863-1944), l'artiste norvégien le plus célèbre : 28 000 pièces dont 1 100 peintures et 4 500 aquarelles. Beaucoup furent léguées à la ville par Munch lui-même. Ses œuvres les plus connues, dont *Le Cri*, sont exposées à la Galerie nationale (p. 24). Pour venir, prenez un bus ou le T-bane jusqu'à Tøyen, puis suivez les indications sur 300 m. (Munchmuseet ; 23 49 35 00 ; www.munchmuseet.no ; Tøyengata 53 ; adulte/enfant 100 NOK/gratuit ; 10h-16h, 10h-17h mi-juin à fin sept ; T Tøyen)

nyMusikk

GALERIE

3 Plan p. 106, B3

Ce centre dédié aux nouvelles musiques et à l'art sonore est à la fois une galerie, des bureaux, une bibliothèque et un espace présentant des concerts, des spectacles sonores, des performances et des festivals. Même s'il ne se passe rien, le personnel sera ravi de vous accueillir et de discuter de l'actualité culturelle de la capitale. On peut aussi y feuilleter livres et magazines spécialisés dans la musique. (21 99 68 00 ; www.nymusikk.no ; Platous gate 18 ; bureau 10h-15h ; Grønland)

Piscine de Tøyen

PISCINE

4 Plan p. 106, D1

Près du musée Munch, ce complexe comporte des grands bassins intérieurs et des bassins extérieurs ouverts en été uniquement. Les horaires d'ouverture varient selon les jours et le planning des cours. (Tøyenbadet ; 23 30 44 70 ; Helgesens gata 90 ; adulte/enfant 98/48 NOK ; 9h-19h ; Tøyen)

Jardin botanique

JARDINS

5 Plan p. 106, C1

Sur 6,5 ha, on passe dans un bel arboretum, un sublime jardin d'odeurs, un mini-paysage de montagne ou encore une collection de plantes rares provenant des fjords d'Oslo, dont quatre ont quasiment disparu de la nature. Repérez les sculptures tissées de l'artiste britannique Tom Hare ou venez simplement vous balader, paresser sous un arbre ou prendre un café au Handwerk (p. 109). (Botanisk Hage ; Sars gate 1 ; gratuit ; 7h-21h mi-mars à sept, 7h-17h le reste de l'année ; T Tøyen)

Muséum d'histoire naturelle

MUSÉE

6 Plan p. 106, C1

Sous les arbres du jardin botanique d'Oslo, le Muséum d'histoire naturelle de l'université est composé de deux sections. Le Musée zoologique est rempli d'animaux sauvages naturalisés. Le musée de Géologie et de Paléontologie est fermé pour rénovation jusqu'en 2020. Le billet d'entrée donne également accès aux serres de plantes tropicales. (Naturhistorisk Museum ; www.nhm.uio.no ; Sars gate 1 ; adulte/enfant 50/25 NOK ; 11h-16h mar-dim ; T Tøyen)

Se restaurer

Brutus

NÉO-NORDIQUE **€€**

7 Plan p. 106, C2

Avec des crus prestigieux sur sa carte, ce simple bistrot de quartier pourrait tout à fait être qualifié de "bar à vins". Mais cela risquerait d'éclipser sa cuisine, fabuleuse et l'une des plus accessibles de la ville. Une adresse à l'image d'Oslo : authentique, inspirée, originale et rock'n'roll. (22 38 00 88 ; www.barbrutus.no ; Eiriks gate 2 ; plats 85-255 NOK , en-cas 55-90 NOK ; 17h-1h ; Munkegata)

Handwerk

CAFÉ, BOULANGERIE **€**

8 Plan p. 106, C1

Une escapade à la campagne vous tente ? Alors prenez la direction de ce superbe café en plein cœur du jardin botanique ! Aménagé dans un ancien corps de ferme, l'intérieur dans des tons de bleu est joliment décoré avec des tableaux aux motifs floraux et des bougies. Ici, tout est douillet et, partout, les fenêtres donnent sur les jardins verdoyants (ou enneigés). (22 60 85 00 ; www.handwerk.no ; Sarsgate 1 ; plat du jour 135-145 NOK, sandwichs 75 NOK ; 10h-16h Tøyen)

Ekebergrestauranten

NÉO-NORDIQUE **€€€**

9 Plan p. 106, B5

Le bâtiment, chef-d'œuvre de Lars Backer (1929) et un des premiers exemples architecturaux de l'Oslofunkis (fonctionnalisme), tombait en décrépitude dans les années 1980. Aujourd'hui, c'est un établissement réputé pour sa cuisine néo-nordique sobre et raffinée. En été, on déguste

Comprendre

La nouvelle cuisine nordique aux fourneaux

La Norvège est restée dans un premier temps un peu à l'écart de l'emballement planétaire pour la cuisine nordique. Le pays ne possédait pas de star des fourneaux de la trempe du Danois René Redzepi ou du Suédois Magnus Nilsso... Mais les choses changent. Aujourd'hui, outre les tables internationalement connues et étoilées au Michelin, comme **Maaemo** (plan p. 106, B3 ; 22 17 99 69 ; www.maaemo.no ; Schweigaards gate 15 ; menu 2 600 NOK ; 18h-minuit mer-jeu, 12h-minuit sam-dim ; Bussterminalen Grønland) et Kontrast (p. 88), une kyrielle de bistrots audacieux et accessibles proposent une cuisine locale, de haute qualité et sensuelle dans un cadre séduisant. Dans ces établissements, comme Brutus et Pjoltergeist (p. 88), les plats sont souvent déclinés en petites assiettes ; la musique (principalement des vinyles) est généralement originale voire provocatrice, et les sommeliers travaillent avec des producteurs autrichiens, italiens ou autres qu'ils connaissent personnellement.

100% Oslo

Épicé et à emporter !

Grønlandsleiret, une rue toujours en pleine effervescence, abrite le restaurant indien le plus connu d'Oslo, Punjab Tandoori (p. 104), et bien d'autres adresses pleines de piquant. Le Grønland Bazaar ainsi que les nombreuses épiceries asiatiques et moyen-orientales sont idéales pour composer un fabuleux pique-nique à petit prix.

burgers, moules-frites et sandwichs aux crevettes sur la superbe terrasse. (☎23 24 23 00 ; www.ekebergrestauranten.com ; Kongsveien 15 ; plats 295-310 NOK, menu 650 NOK, plats en terrasse 170-190 NOK ; 11h-minuit lun-sam, 12h-22h dim ; Ekebergparken)

Olympen

NORVÉGIEN €€

10 Plan p. 106, B2

Fresques représentant des scènes de rue des années 1920, boiseries sombres et lustres : le cadre sort de l'ordinaire et on apprécie d'autant plus la cuisine de pub norvégienne à prix raisonnables (steaks, cochon de lait, maquereau). Surnommé "Lompa", l'établissement sert aussi plus de 100 bières. Un petit bout de l'histoire de Grønland apprécié de tous. (☎24 10 19 99 ; www.olympen.no ; Grønlandsleiret 15 ; plats 140-260 NOK ; 11h-minuit dim-mar, 11h-1h mer-jeu, 11h-3h30 ven-sam ; 37)

Asylet

NORVÉGIEN €€€

11 Plan p. 106, B2

Un classique datant de 1730, situé dans le quartier cosmopolite de Grønland. Passez sous la voûte pour atteindre la cour pavée entourée de galeries en bois, puis entrez dans le pub bas de plafond, à moitié lambrissé et repérez la cheminée de guingois. Ici, la nourriture est traditionnelle et roborative – l'adresse est particulièrement réputée pour ses *smørbrød* (tartines). (☎22 17 09 39 ; www.asylet.no ; Grønland 28 ; plats 245-270 NOK ; 11h-23h30 lun-mar, 11h-0h30 mer-ven, 12h-0h30 sam, 12h-22h30 dim ; T Grønland)

Smia Galleri

NORVÉGIEN €€€

12 Plan p. 106, D4

Cette ancienne boulangerie a été transformée en un espace cosy, éclairé aux bougies, où l'on sert des plats norvégiens et internationaux très raffinés. En été, vous pourrez profiter du superbe patio jusqu'à minuit. Consultez le site Internet pour les soirées jazz .Il faut environ 15 minutes pour s'y rendre : d'Oslo S, prenez le bus n°37 en direction de la station de T-bane Helsfyr et descendez à l'arrêt Vålerenga. (☎22 19 59 20 ; www.smiagalleri.no ; Opplandsgata 19 ; plats 205-280 NOK ; 14h-22h mar-ven, 12h-22h sam-dim ; 37)

Prendre un verre

Pigalle

CLUB, BAR

13 Plan p. 106, B2

Un endroit totalement inattendu dans cette rue bordée d'épiceries et de restaurants indiens ! On se croirait dans le décor d'un film de Luc Besson des années 1980, avec un plafond voûté

La cour du Dattera Til Hagen

en noyer aux courbes élégantes, une véranda, des palmiers, beaucoup de noir et de vert et une profusion de miroirs. Si vous êtes perdu, le bar se trouve au-dessus du restaurant Olympen. (☎24 10 19 99 ; www.olympen.no ; Grønlandsleiret 15 ; 16h-1h mar-mer, 16h-3h jeu-sam ; 37)

Dattera Til Hagen

BAR

14 Plan p. 106, A2

Un grand bar plein de recoins, à l'atmosphère résolument bohème, avec une cour à l'arrière gagnée par l'effervescence en été. Les DJ et les concerts contribuent à animer les journées et les soirées. (www.dattera.no ; Grønland 10 ; 11h-1h lun mer, 11h-2h jeu, 11h-3h30 ven-sam, 12h-minuit dim ; T Grønland)

Bon plan

Festivals de musique au Dattera Til Hagen

Si vous êtes à Oslo durant la saison des festivals d'été mais que vous avez raté le coche pour les billets, renseignez-vous sur les dates des mini-festivals organisés par le Dattera Til Hagen. Ils sont généralement d'un excellent rapport qualité/prix. Des groupes réputés et des DJ se produisent dans une cour agréable et pleine de caractère.

Sortir

Gloria Flames

MUSIQUE LIVE

15 Plan p. 106, B2

Gloria Flames est un bar rock très fréquenté, où sont régulièrement organisés des concerts (avec parfois des têtes d'affiche). Le toit-terrasse est accessible en journée. (☎401 46 163 ; www.gloriaflames.no ; Grønland 18 ; 16h-3h mer-dim ; T Grønland)

Shopping

Grønland Bazaar

CENTRE COMMERCIAL

16 Plan p. 106, B2

Vous trouverez ici principalement des boutiques moyen-orientales, ainsi qu'un espace de restauration. (Tøyengata 2 ; 10h-20h lun-sam ; 37)

Explorer

St Olafs Plass, Bislett et St Hanshaugen

Ces quartiers situés à l'écart des circuits touristiques classiques sont en plein boom au vu de la multiplication des bars et des restaurants... pour le plus grand plaisir d'une importante population d'étudiants et de jeunes actifs. L'exploration de cette partie de la ville est un plaisir, que l'on se limite aux tables entourant la St Olafs plass ou que l'on gagne les hauteurs du parc St Hanshaugen et les environs du stade de Bislett.

L'essentiel en un jour

Commencez la journée par un excellent expresso à **Fuglen** (p. 119), puis arpentez le petit quartier autour de **Damstredet** (p. 116), avec ses maisons en bois rouges, blanches et rouille datant du XVIIIe siècle. On peut s'imaginer à quoi ressemblait Oslo avant l'industrialisation.

Ensuite, promenez-vous le long d'Ullevålsveien, la rue préférée des habitants du quartier, ainsi que dans les rues voisines. Déjeunez au **Smallhans** (p. 118) ou achetez de quoi faire un pique-nique à **Baker Hansen** (p. 117) et à **Gutta På Haugen** (p. 121). Puis faites une belle balade dans **St Hanshaugen** (p. 116), un parc plein de recoins à explorer et de points de vue à admirer.

Prenez un autre café au **Java Espressobar** (p. 121) ou un verre de vin au **Rouleurs of Oslo** (p. 119), où vous pourrez aussi discuter vélo. Ensuite, découvrez la cuisine authentique du restaurant **Kolonialen** (p. 116), un bel endroit devenu *le* restaurant branché du quartier. Son chef est un ancien du Maaemo.

Le meilleur du quartier

Se restaurer

Kolonialen (p. 116)

Kunstnernes Hus (p. 119)

Smalhans (p. 118)

Prendre un verre

Fuglen (p. 119)

Rouleurs of Oslo (p. 119)

Java Espressobar (p. 121)

Shopping

Fuglen (p. 119)

Gutta På Haugen (p. 121)

Avec des enfants

St Hanshaugen (p. 116)

Comment s'y rendre

Bus Le bus n°21 passe par St Hanshaugen sur son parcours entre Grünerløkka et Tjuvholmen.

Tramway Les lignes n°13 et n°19 sont les plus proches.

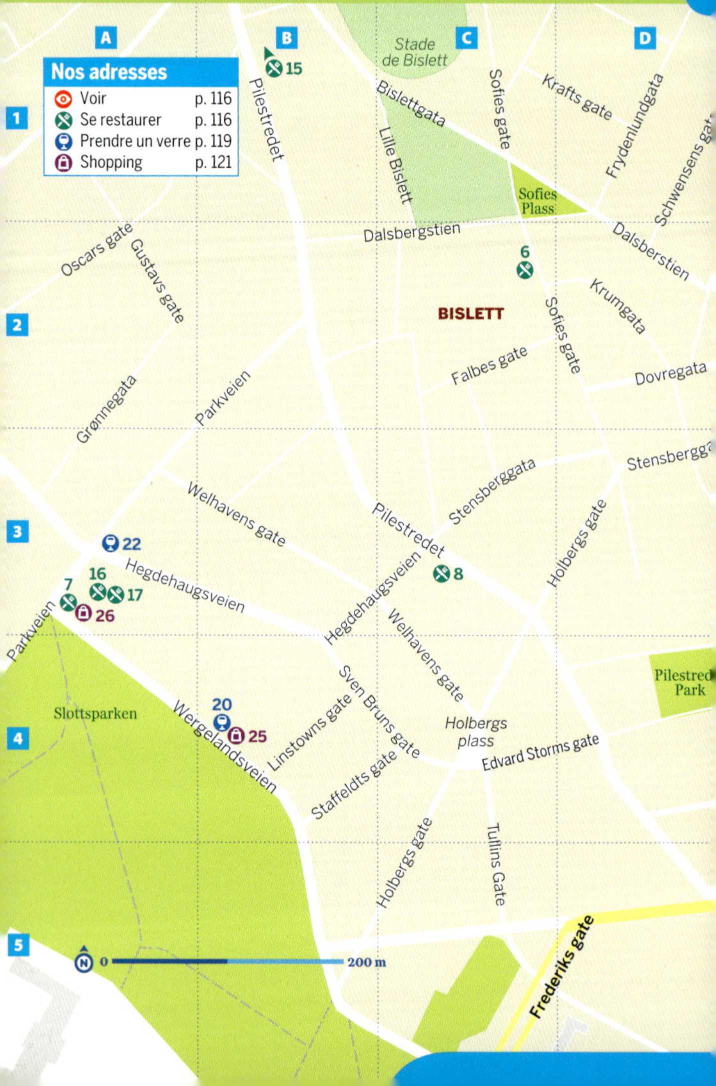

Nos adresses
Voir p. 116
Se restaurer p. 116
Prendre un verre p. 119
Shopping p. 121
A
B
C
D
1
2
3
4
5
Stade de Bislett
Bislettgata
Lille Bislett
Sofies gate
Krafts gate
Frydenlundgata
Schwensens gat
Sofies Plass
Pilestredet
Dalsbergstien
Dalsberstien
Oscars gate
Gustavs gate
Krumgata
BISLETT
Falbes gate
Dovregata
Grønnegata
Parkveien
Stensberggata
Stensbergga
Welhavens gate
Holbergs gate
Hegdehaugsveien
Parkveien
Pilestred Park
Slottsparken
Wergelandsveien
Linstowns gate
Sven Bruns gate
Holbergs plass
Edvard Storms gate
Staffeldts gate
Tullins Gate
Frederiks gate
15
6
8
22
16
17
7
26
20
25
0
200 m

E
F
G
H
1
2
3
4
5
2 Parc de St Hanshaugen
21
9
19
23
24
13
5 Gamle Aker Kirke
Waldemar Thranes gate
Bjerregaards gate
Bergstien
Akersbakken
Telthusbakken
TELTHUSBAKKEN
Westye Egebergs gate
Stensberggata
1 Vår Frelsers Gravlund
Akersveien
Westye Egebergs gate
Frimanns gate
Ullevålsveien
Damstredet
3
Damstredet
Fredensborgveien
Rosings gate
Wessels gate
Langes gate
Dops gate
Rosteds gate
Akersveien
Nordahl Bruns gate
Wilses gate
Deichmans gate
14
12
11
10
St Olavs plass
St Olavs gate
4 Oslo Reptilpark
Thor Olsens gate
Fredensborgveien
Grubbegata
Akersgata
Universitetsgata
Munchs gate
ST OLAFS PLASS
stredet
18

Voir

Vår Frelsers Gravlund

CIMETIÈRE

1 Plan p. 114, G2

Si ce cimetière date de l'époque des guerres napoléoniennes, il est surtout connu pour être le lieu de repos éternel d'Edvard Munch et Henrik Ibsen. La tombe de Munch est décorée d'un buste de l'artiste ; le majestueux obélisque d'Ibsen est orné d'un marteau. Avis aux fans de Harry Hole : un appartement dominant le cimetière (Ullevålsveien 15) est le théâtre d'un meurtre dans *L'Étoile du diable*. (Æreslunden ; Akersbakken 32 ; 24h/24 ; 37)

St Hanshaugen

PARC

2 Plan p. 114, E1

Les habitants d'Oslo affectionnent cet immense parc qui bénéficie, au sommet, d'un point de vue imprenable sur la ville. Hanshaugen signifie la "colline du solstice d'été", car on y faisait autrefois des feux pour la Saint-Jean. C'est donc le quartier qui doit son nom au parc, et non l'inverse. (Geitmyrsveien 31 ; 37)

Damstredet

RUE

3 Plan p. 114, G3

Les jolies maisons en bois (XVIIIe siècle) qui bordent Damstredet et la rue voisine Telthusbakken tranchent agréablement avec l'architecture moderne du centre-ville. Autrefois délabrées, ces deux ruelles forment aujourd'hui un petit quartier résidentiel très apprécié des artistes. Pour y aller, marchez direction nord dans Akersgata et tournez à droite dans Damstredet gate. Telthusbakken est un peu plus haut dans Akersgata, également sur la droite. (54)

Oslo Reptilpark

ZOO

4 Plan p114, F5

Les enfants adorent ce parc dédié aux reptiles. Outre les serpents et lézards, on peut y voir des singes facétieux. (www.reptilpark.no ; St Olavs gate 2 ; adulte/enfant 115/85 NOK, gratuit avec l'Oslo Pass ; 10h-18h avr-août, mar-dim sept-mars ; 37)

Gamle Aker Kirke

ÉGLISE

5 Plan p. 114, H1

Située au nord du centre-ville, cette église en pierre date de 1080 : ce qui en fait l'édifice le plus ancien d'Oslo. De Jernbanetorget, prenez le bus n°37 jusqu'à Akersbakken, puis montez à pied le long du cimetière de l'église. (Akersbakken 26 ; 12h-14h lun-sam ; 37)

Se restaurer

Kolonialen

GASTRONOMIQUE €€€

6 Plan p. 114, C2

L'établissement est tenu par l'ancien propriétaire du Maaemo, on peut donc s'attendre à ce que la nourriture soit extraordinaire, et c'est bien le cas. La carte est courte, avec des plats de toute l'Europe interprétés de façon contemporaine et ludique par le chef australien. (401 03 578 ; www.kolonialenbislett.no ; Sofiesgate 16 ; plats 240-290 NOK ; 37)

À la terrasse du Fuglen (p. 119)

Kafe Oslo

CAFÉ €€

7 Plan p. 114, A3

Ce café est situé dans le bâtiment abritant Litteraturhuset, une fondation dédiée à la littérature. Ateliers, lectures, débats et conférences s'y déroulent régulièrement, pas forcément en norvégien. Une librairie s'y trouve également. Le lieu est agréable pour faire une pause-café, ou même pour y manger. La cuisine norvégienne, authentique, est suffisamment savoureuse pour attirer les princesses du Palais royal, situé juste à côté. (Litteraturhuset ; 21 54 85 71 ; www.kafeoslo.no ; Wergelandsveien 29 ; plats 155-245 NOK ; 10-0h30 lun-jeu, 10h-2h ven-sam, 12h-19h30 dim ; 17B)

Bislett Kebab House

KEBAB €

8 Plan p. 114, C3

La première adresse de la chaîne de kebabs implantée dans tout Oslo. Et, depuis le début, un rendez-vous incontournable pour les étudiants. (BKH ; 22 46 80 44 ; www.bislettkebabhouse.no ; Hegdehaugsveien 2 ; kebab 65-125 NOK ; 10h-3h30 ; 17B)

Baker Hansen

BOULANGERIE €

9 Plan p. 114, E1

Une chaîne de boulangeries implantée à Oslo et autour. Cette boutique a été la première. On vient ici pour des spécialités norvégiennes préparées à l'ancienne et avec amour. Les petits pains de froment au fromage et au jambon sont présents à chaque soirée ou pique-nique norvégiens. Les gâteaux aux fruits frais ou ceux recouverts de pâte d'amandes sont aussi des classiques. (94 02 32 30 ; www.bakerhansen.no ; Ullevålsveien 45 ; en-cas 39-159 NOK ; 8h-19h lun-ven, 9h-18h sam-dim ; 37)

Izakaya Oslo

JAPONAIS €

10 Plan p. 114, F5

Une adresse en sous-sol, très animée. On y propose une cuisine et des alcools japonais de grande qualité. Au menu : des spécialités authentiques, comme les graines de soja salées à grignoter avec un saké, une bière ou un whisky, ou encore les raviolis, les crêpes coréennes ou les salades de nouilles de sarrasin. (www.izakayaoslo.com ; St Olavs gate 7 ; petites assiettes 49-99 NOK ; 17h-1h lun-sam ; 37)

Bar Babylon
SUSHIS, BAR €€

11 Plan p. 114, E5

Caché derrière le Tekehtopa, le Babylon était une discothèque légendaire. C'est désormais un restautant de sushis et *beer garden*, avec une multitude d'agréables recoins, de plantes en pot et de mobilier rétro. Excellents sushis à accompagner d'une *surøl*, la célébrissime bière. (47 97 80 89 ; www.tekehtopa.no ; St Olavs plass 2 ; plats 110-220 NOK, menu 750 NOK ; 17h-1h lun-jeu, 16h-3h ven-sam ; 37)

Tekehtopa
ITALIEN €€

12 Plan p. 114, E5

Le bel édifice, qui date de 1872 et occupe tout un angle de la place, héberge aussi le Happolati et le Babylon. Le Tekehtopa est une bonne adresse pour profiter du soleil en terrasse les soirs d'été ou pour rester au chaud sous le beau plafond en hiver. On y sert des classiques italiens : pâtes du jour, risottos, *arancini* (boulettes de riz), *vitello tonnato* (veau froid dans une sauce au thon), etc. (47 97 80 89 ; www.tekehtopa.no ; St Olavs plass 2 ; plats 110-210 NOK ; 11h-minuit lun-sam, 12h-23h dim ; 37)

Bon plan
Sofiesgate

À partir du stade de Bislett et en allant vers le sud, Sofiesgate (plan p. 114, C1) et les rues autour sont bordées de bars et de restaurants chaleureux et ultra animés.

Smalhans
NORVÉGIEN €€€

13 Plan p. 114, E1

Pour saisir l'âme de St Hanshaugen, venez dans ce restaurant-bar-café animé, pour son repas servi tous les jours entre 16h et 18h (*husmannskost*, 175 NOK, on peut demander une demi-portion) ou pour ses légendaires dîners en deux versions (*krøsus* = onéreux, *smalhans* = économique) comprenant plusieurs spécialités norvégiennes à partager. La carte change tout le temps. (22 69 60 00 ; www.smalhans.no ; Ullevålsveien 43 ; menu 3/6 plats 50/650 NOK ; 11h-13h mar-dim ; 37)

Happolati
ASIATIQUE, GASTRONOMIQUE €€€

14 Plan p. 114, E5

Dernière création de Nevzat Arikan, le Happolati est un lieu superbe dont la déco fait honneur à la fois au menu asiatique contemporain et à l'édifice plein de caractère qu'il occupe. L'ambiance est calme ; les petits plats du Japon, de Chine et d'Asie du Sud-Est surprenants. Le personnel est irréprochable. (479 78 087 ; www.happolati.no ; St Olavs plass 2 ; plats 105-145 NOK, menu 650 NOK ; 16h30-122h lun-ven ; 37)

L'ardoise
BOULANGERIE, BAR À VINS €€€

15 Plan p. 114, B1

Sur la courte carte figurent de grands classiques de la cuisine fançaise. Ils sont servis midi et soir dans la belle salle à manger. Mais ce sont surtout les douceurs – notamment les meilleurs croissants de la ville et des macarons très corrects – qui attirent les habitués. (☎22 11 09 65 ; www.lardoise.no ; Thereses gate 20 ; plats 225-295 NOK ; ⏲11h-minuit lun-sam, 11h-18h dim ; 🚌37)

Rust

INTERNATIONAL **€€**

16 Plan p. 114, A3

Dans une petite rue bordée de cafés et de restaurants, Rust est lumineux et coloré et dispose de beaucoup de places en terrasse (avec des couvertures pour affronter les frimas). Idéal pour boire une bière ou manger une salade copieuse, une omelette, un burger ou des côtelettes. (☎23 62 65 05 ; www.rustoslo.com ; Hegdehaugsveien 22 ; plats 95-169 NOK ; ⏲11h-1h lun-sam, 12h-minuit dim ; 🚌17B)

Plah

THAÏLANDAIS **€€€**

17 Plan p. 114, A3

Une cuisine thaïlandaise légère et inventive : tel est le maître-mot de ce restaurant, renommé et très tendance, dans une paisible rue piétonne près du Palais royal. L'établissement comprend un restaurant et un bar où l'on peut aussi grignoter des spécialités d'Asie du Sud-Est façon tapas. (☎22 56 43 00 ; www.plah.no ; Hegdehaugsveien 22 ; menu 5/9 plats 545/625 NOK ; ⏲17h-1h lun-sam ; 🚌17B)

Prendre un verre

Fuglen

BAR À COCKTAILS, CAFÉ

18 Plan p. 114, E5

Fuglen et son équipe de jeunes entrepreneurs incarnent la mutation d'Oslo, hier austère, aujourd'hui ultra branchée. Au départ, l'équipe reprend un café traditionnel. Elle crée finalement un mini-empire du café et du design norvégien ici et au Japon, tout en continuant à torréfier des grains, à brasser du houblon et à concocter de fabuleux cocktails dans leur ville natale. (www.fuglen.no ; Universitetsgaten 2 ; ⏲7h30-22h lun-mar, 7h30-1h mer-jeu, 7h30-3h ven, 11h-3h sam, 11h-22h dim ; 🚌17B)

Rouleurs of Oslo

BAR À VINS, CAFÉ

19 Plan p. 114, E1

Ce joli bar francophile est aménagé dans un atelier de réparation de vélos. Surpris ? C'est ainsi que ça se passe à St Hanshaugen ! Venez en journée pour un café (et des réparations de vélos ; le soir pour un cocktail ou un verre de chablis avant de dîner. Si vous n'avez pas envie de partir (la carte des vins est superbe), improvisez un repas à base de rillettes de canard, pâté ou charcuterie. (www.rosl.no ; Ullevålsveien 16 ; ⏲12h-1h lun-jeu, 12h-2h ven-sam, 12h-0h30 dim ; 🚌37)

Kunstnernes Hus

BAR, PIZZAS

20 Plan p. 114, B4

Cette institution culturelle gérée par des artistes occupe un bel édifice de style fonctionnaliste datant de 1929. La vaste terrasse surplombant le Slottsparken est idéale pour siroter un verre de vin ou une bière. L'ambiance est décontractée, la clientèle composée de jeunes créatifs et la bande-son excellente. (☎22 85 34 10 ; www.kunstnerneshus.no ; Wergelandsveien 17 ; ⏲11h-22h mar-jeu, 11h-3h ven, 12h-3h sam, 12h-20h dim ; 🚌17B)

Comprendre

Une ville au cœur de la nature

Le terme norvégien *friluftsliv* est difficile à prononcer et à traduire, mais facile à comprendre quand on a passé un peu de temps avec des Norvégiens. Apparu en 1859, alors que le pays était sur la voie de l'indépendance, et popularisé par un poème de Henrik Ibsen intitulé *Paa Vidderne* (Sur les sommets), sa signification littérale est "vie au grand air". Ce mot évoque le besoin impérieux, quasi spirituel, de se connecter avec la nature. Oslo a beau être une métropole en expansion rapide, c'est aussi l'une des grandes villes les plus vertes de la planète, immédiatement entourée de montagnes et de cours d'eau spectaculaires. Pour ses habitants, passer du temps dans la nature est une priorité absolue.

Les îles du fjord

Hovedøya paraît délicieusement isolée. Les plantes qui y poussent n'existent nulle part ailleurs en Norvège. On apprécie ses jolies plages et ses chemins de randonnée. Au sud de Hovedøya, l'île sauvage de Langøyene offre de fantastiques possibilités de baignade depuis ses plages de rochers ou de sable (plage nudiste sur le littoral sud-est). Des oiseaux aquatiques nichent sur les îles herbeuses de Gressholmen, Rambergøya et Heggholmen. On peut aussi se baigner le long de la côte est de Gressholmen.

Journées en forêt

Au nord d'Oslo, la région de Nordmarka (accessible en 20 à 30 minutes de T-bane) est constituée d'immenses forêts de pins parfaitement préservées. Plus de 1 200 km de sentiers de randonnée attirent les habitants en été. La pêche dans le lac Sognsvann est aussi une activité très recherchée. En hiver, on peut pratiquer le ski nordique, de descente, les raquettes et le saut à ski – les habitants n'hésitent pas à sauter dans le T-bane avec leurs skis !

La nature en ville

Les rives de l'Akerselva sont bordées de vieux bâtiments industriels et de nouveaux aménagements mais, au cœur même d'Oslo, il y a encore de beaux tronçons sauvages, avec des chutes d'eau, des zones de baignade et des berges boisées. L'immense Ekebergparken est également un trésor avec ses prairies de fleurs sauvages et ses forêts denses de pins, frênes, aulnes noirs, érables, saules et sapins. Les amateurs d'oiseaux repéreront des piverts, des rouges-gorges, des merles et différentes mésanges. Il n'est pas rare de voir des chevreuils.

Java Espressobar

CAFÉ

21 Plan p. 114, E1

Une adresse qui vaut vraiment le déplacement si vous êtes un amateur de café. À l'instar de Tim Wendelboe et de Fuglen, Java a participé à la révolution du petit noir en Norvège. Un bel espace lumineux et haut de plafond, où il fait bon s'offrir une parenthèse. (www.javaoslo.no ; Ullevålsveien 47 ; 7h-18h lun-ven, 8h-18h sam, 9h-18h dim ; 37)

Lorry

PUB

22 Plan p. 114, A3

Il n'y a rien de néo-nordique ici. Harry Hole, héros des romans policiers de Jo Nesbø, pourrait vous le confirmer ! C'est toutefois un fabuleux endroit pour prendre une bière dans une ambiance authentique, à l'intérieur ou à l'extérieur. On peut aussi imiter Harry et y manger : les grands classiques norvégiens sont au menu. (www.lorry.no ; Parkveien 12 ; 11h-1h lun, 11h-3h30 mar-sam, 12h-1h dim ; 17B)

Shopping

Gutta På Haugen

ÉPICERIE

23 Plan p. 114, E1

Une institution à St Hanshauge. Très large choix de fromages norvégiens, bel assortiment de saucisses régionales et pain plat norvégien à ne manquer sous aucun prétexte. Également d'excellents produits frais de saison. De l'autre côté de la rue, le camion-glacier de la boutique vend de succulentes glaces à l'italienne. (22 60 85 12 ; www.gutta.no ; Ullevålsveien 45 ; 8h-19h ; 37)

Fara

SPORT

24 Plan p. 114, E1

Cette boutique est associée à Rouleurs (p. 119), juste à côté. On y vend des vêtements de cyclisme créés à Stjordal, dans le nord du pays, combinant coupes minimalistes nordiques et résistance au froid (avec on peut affronter le climat des fjords, nous a-t-on assuré). Les fanas de vélo ne manqueront pas de jeter un œil aux beautés à deux roues. Demandez le programme des randonnées dans les environs. (www.rosl.no ; Ullevålsveien 16 ; 11-19h lun-sam ; 37)

Torpedo

LIVRES

25 Plan p. 114, B4

Éditeur spécialisé dans l'art, Torpedo vend ici ses propres publications ainsi que d'autres magazines et livres d'art. Des événements en lien avec les livres sont aussi organisés au Kunsthall Oslo. (www.torpedobok.no ; Wergelandsveien 17 ; 11h-16h mar-mer, 11h-18h jeu-ven, 12h-18h sam-dim ; Bjørvika)

Tanum Bookshop

LIVRES

26 Plan p. 114, A3

La librairie de Litteraturhuset (Kafe Oslo, p. 117) reflète le dynamisme de l'édition norvégienne. On y vend de très beaux livres pour enfants. (Litteraturhuset ; 23 69 10 80 ; www.litteraturhuset.no/no/huset/bokhandel ; Wergelandsveien 29 ; 11h-20h lun-ven, 10h-17h sam, 12h-16h dim ; 17B)

100% Oslo
Une journée à Fredrikstad

Ancien centre de négoce entre l'Europe continentale et l'ouest de la Scandinavie, Fredrikstad est une des villes fortifiées les plus jolies et les mieux conservées de Norvège. Les maisons de bois, les douves, les portes et le pont-levis de Gamlebyen, la vieille ville, en font un endroit enchanteur. Située à 1 heure 30 d'Oslo, Fredrikstad est une belle excursion d'une journée.

Comment s'y rendre

Des bus interurbains desservent la gare routière de Fredrikstad. Une liaison régulière est assurée par **Flybussekspressen** (www.flybussekspressen.no) entre Fredrikstad et l'aéroport (307 NOK, 2 heures 15).

Les trains **NSB** (www.nsb.no) Oslo-Göteborg (Suède) desservent Fredrikstad. Ils circulent tous les jours depuis/vers Oslo (221 NOK, 1 heure). Réservez.

À la sortie d'Oslo, suivez l'E6. Après Råde, prenez la Rv 110 direction sud.

❶ Fort Kongsten

Commencez votre balade par le superbe panorama que l'on découvre depuis ce qui était autrefois appelé la "colline du Gibet". Au milieu de la végétation se dresse le **Kongsten Festning**, datant de 1685, qui servait de poste de guet pour les troupes stationnées à Gamlebyen, en contrebas. Marchez le long des tourelles, des talus et des remparts. Ou bien contentez-vous de vous asseoir dehors pour profiter au maximum du calme.

❷ Musée de Fredrikstad

Aménagé dans un bâtiment datant de 1776, le **Fredrikstad Museum** (www.ostfoldmuseet.no ; Tøihusgaten 41 ; adulte/enfant 75/30 NOK ; ⏲12h-16h mi-juin à fin août, 12h-15h le reste de l'année) conserve des maquettes de la vieille ville et une collection retraçant trois siècles de l'histoire civile, militaire et industrielle de la ville. Un petit musée militaire occupe le dernier étage.

❸ Ancienne prison

Parmi les plus beaux édifices de la vieille ville figure l'ancienne **Salveriet**, édifiée en 1731.

❹ Petite pause

Le beau bâtiment du **Bastion 5** (Toldbodgaten 105), érigé entre 1674 et 1691, est un des plus anciens édifices de Gamlebyen. Il abrite désormais un centre culturel comprenant un café et un atelier de céramique et organisant des expositions.

❺ Cuisine traditionnelle

Le **Majoren's Stue og Kro** (☎69 32 15 55 ; www.majoren.no ; Voldportgata 73, Gamlebyen ; plats 165-199 NOK ; ⏲12h-20h lun-jeu, 12h-21h ven-sam, 12h-19h dim) est un restaurant rustique à l'atmosphère *koselig* (douillette) et historique. Installez-vous dans la salle à manger où l'atmosphère est plutôt formelle. Puis commandez un ragoût à base de chou, oignons frits et pommes de terre bouillies, ou un steak accompagné de légumes-racines et de beurre épicé. Vous pouvez aussi vous installer dans le jardin pour un burger ou une salade aux fruits de mer.

❻ Île d'Isegran

Ce petit îlot dans la Glomma devint une ligne de défense contre les Suédois au milieu du XVIIe siècle. On y visite la **forteresse** (www.isegran.no ; avec le musée de Fredrikstad adulte/enfant 75/30 NOK ; ⏲12h-16h ven-dim mi-juin à fin août) du XIIIe siècle. Les ruines d'une tour en pierre sont encore visibles à la pointe orientale de l'île, près d'un petit musée consacré à la construction des bateaux (à l'époque où les embarcations étaient amoureusement fabriquées en bois, à la main). En voiture ou à pied, empruntez la Rv 108, à environ 600 m au sud du centre de Fredrikstad.

❼ Cathédrale

Datant de 1880 et ornée de vitraux d'Emanuel Vigeland, la cathédrale de Fredrikstad reflète l'importance de la ville au XIXe siècle. Curieusement, le clocher renferme un phare, toujours en service la nuit.

Oslo selon ses envies

Devant l'Opéra national de Norvège (p. 48)
NANISIMOVA/GETTY IMAGES ©

Les plus belles balades
Au fil de l'eau

Itinéraire

Le front de mer d'Oslo, autrefois une zone portuaire fortement industrialisée, a été complètement transformé au cours des vingt dernières années. Et la mutation se poursuit à un rythme rapide. Le mélange de bâtiments modernes et historiques, ainsi que la cohabitation de sites industriels et naturels créent un paysage fascinant.

Départ Ekebergparken

Arrivée Musée Astrup Fearney

Distance 4,5 km ; 2 heures 30

Une petite faim ?

Tout le long de cet itinéraire se trouvent d'excellentes adresses pour se restaurer, mais les deux meilleures sont situées à chaque extrémité de la balade. Au départ, l'historique Ekebergrestauranten (p. 109) et sa vaste terrasse. À l'arrivée le Vingen (p. 60), café du musée Astrup Fearnley, également avec une belle terrasse au bord de l'eau.

VALERY BARETA/SHUTTERSTOCK ©

Vue sur le front de mer depuis l'Opéra national de Norvège

❶ Ekebergparken

Pour profiter d'un des meilleurs points de vue sur Oslo, débutez votre balade à l'**Ekebergparken** (p. 107). Ce parc accueille une des plus belles collections d'art contemporain de Norvège. Au détour d'un bosquet ou d'une prairie, on peut admirer là une œuvre de Dan Graham, ici une œuvre de Damien Hirst…

❷ Vue sur Bjørvika

Quand on descend vers la ville, on a une superbe vue sur le quartier de Bjørvika, l'ancien port, qui fait actuellement l'objet d'une rénovation de grande envergure. Après les grues et les zones en travaux se dressent les tours du projet Barcode, très controversé. Le long de Sørengkaia, on découvre un nouveau quartier résidentiel et une zone de baignade.

❸ Opéra national de Norvège

On ne présente plus l'édifice le plus emblématique d'Oslo (p. 48). Il faut absolument monter sur son toit-terrasse en marbre scintillant pour contempler le point de vue à 360° sur la capitale et le fjord d'Oslo. Puis entrez dans le bâtiment pour découvrir le superbe hall habillé de bois, d'une hauteur vertigineuse.

4 Akershusstranda

Par une belle journée ensoleillée, cette promenade en bord de mer est très agréable – quand il fait froid ou humide, ce n'est pas la même chose… L'imposante forteresse se dresse en hauteur et quelques vestiges évoquent encore le vieux port çà et là.

5 Pipervika

Tous les ferrys de passagers d'Oslo mouillent dans la baie de Pipervika où il n'y a plus grand-chose qui rappelle l'ancien port de pêche… Sauf le ravissant restaurant du même nom (p. 60) servant poisson et fruits de mer. On s'y régale de la prise du jour à peine débarquée des bateaux.

6 Musée Astrup Fearnley

La partie la plus fréquentée du front de mer est une promenade le long de laquelle s'alignent restaurants, glaciers, bars et bateaux. Son architecture contemporaine et plutôt hétéroclite cède finalement la place aux voiles paisibles du bâtiment de Renzo Piano abritant l'**Astrup Fearnley Museet** (p. 52). Ce dernier trône à l'extrémité de la presqu'île de Tjuvholmen.

Les plus belles balades
L'Oslo d'Ibsen et de Munch

Itinéraire

Les deux artistes norvégiens les plus célèbres, Henrik Ibsen et Edvard Munch, ont habité Oslo à la fin du XIXe siècle. La ville qui les a inspirés est aujourd'hui encore bien identifiable pour le promeneur. On cherchera donc des indices des chefs-d'œuvre d'un des plus grands dramaturges modernes et d'un peintre à l'expressionnisme parfois déroutant.

Départ Musée Ibsen

Arrivée Musée Munch

Distance 6 km ; 3 heures

Une petite soif ?

Prenez une dose de caféine à Hendrix Ibsen (p. 96), à la fois café et disquaire. Un lieu typiquement norvégien, qui rend un hommage irrévérencieux à Ibsen… et à Jimi Hendrix… comme son nom l'indique !

Une statue de Henrik Ibsen

1 Musée Ibsen

La **maison** (p. 34) de Henrik Ibsen et de sa femme Suzannah de 1895 à 1906 a été transformée en musée. Restauré avec des éléments d'époque, le bureau d'Ibsen est tel qu'il le laissa à sa mort.

2 Ibsen Sitat

Le trajet entre la maison d'Ibsen (musée Ibsen) et le Grand Café (p. 37) est jalonné de courtes citations de l'écrivain scellées sur le trottoir.

3 Théâtre national

Un ennemi du peuple, d'Ibsen, fut l'une des premières pièces jouée dans ce **théâtre** (p. 44) conçu par Henrik Bull, inauguré en 1899 et considéré comme la demeure d'Ibsen, puisque toutes ses œuvres y ont été jouées.

4 Grand Café

Tous les jours pendant neuf ans, Ibsen a marché de sa maison jusqu'au **Grand Café** (p. 37) pour déjeuner, puis pour prendre un verre, toujours à la même heure (de 13h20 à 14h, puis de 18h à 19h30) et toujours à la même table. On peut encore commander sa boisson favorite, un *pjolter* (whisky et soda).

❺ Vår Frelsers Gravlund

C'est dans le cimetière situé entre les rues Akersbakken, Akersveien et Ullevålsveien, **Vår Frelsers Gravlund** (p. 116) que se trouvent les tombes de Munch et d'Ibsen. Un marteau est gravé sur l'obélisque d'Ibsen. La tombe de Munch est surmontée d'un buste de l'artiste assez austère.

❻ Le Grünerløkka de Munch

Munch passa la majeure partie de son enfance dans cet ancien quartier ouvrier. Vous ne pourrez visiter aucun des appartements dans lesquels il vécut, mais vous pourrez passer devant le n°7 de Fossveien, la maison où mourut sa sœur Sofie, qui lui inspira la peinture *La Mort dans la chambre de la malade*. Rendez-vous aussi au n°1 de Schous plass, où il peignit plus tard *L'Enfant malade*.

❼ Musée Munch

Terminez votre balade par le **musée** (p. 108) consacré au célèbre peintre. La collection qu'il abrite est impressionnante – plus de la moitié de ses peintures et au moins une copie de chacune de ses gravures y sont conservées. La collection est en grande partie un legs de l'artiste.

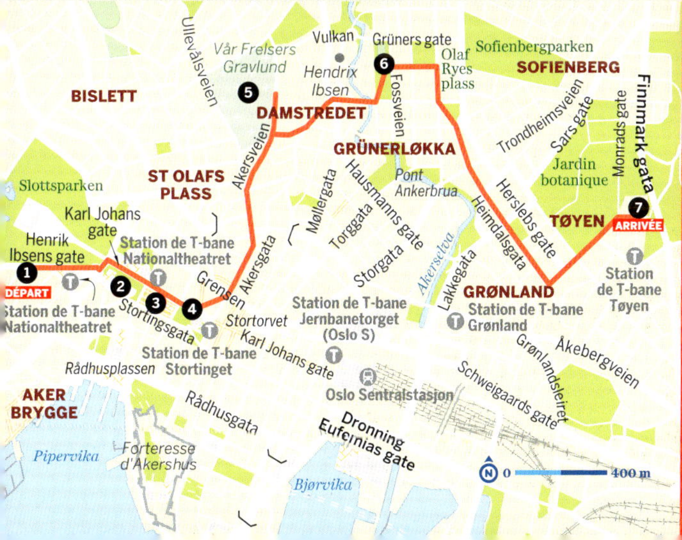

Envie de... Restaurants

La scène culinaire de la capitale norvégienne a pris de l'importance ces dernières années. Après avoir testé les bonnes tables à Copenhague et à Stockholm, les voyageurs en quête de nouvelles sensations gustatives se sont tournés vers Oslo. Oslo où un repas peut prendre une multitude de formes : dîner dans un restaurant étoilé au Michelin, simple hot dog, crevettes à décortiquer et à manger avec les doigts, petites assiettes de cuisine néo-nordique dans un bar tendance, plats traditionnels dans une salle à manger à l'ancienne ou encore des spécialités authentiques venues des quatre coins du monde dans des restaurants japonais, italiens, français, indiens, mexicains...

Vague néo-nordique

Une nouvelle cuisine qui réinterprète des plats classiques norvégiens, mais aussi islandais, danois ou autres. Les ingrédients traditionnels (cœur de volaille, langue de morue, boudin, betteraves cuites à petit feu, fromage frais, rhubarbe, orge) y sont extrêmement présents.

Passion pizza

Si les Norvégiens sont connus pour leur amour des pizzas surgelées, à Oslo, on trouve toutefois sans difficulté de véritables pizzas napolitaines, à la pâte fine et croustillante, garnies d'ingrédients de haute qualité.

Gastronomie nippone

Avec du poisson d'une fraîcheur extrême à disposition, les restaurants de sushis sont à l'honneur dans la capitale. Pour ceux qui en ont les moyens, la tendance est actuellement à l'*omakase* – la suggestion du chef.

Néo-nordique

Maaemo Une farandole de plats exquis, poétiques et imaginatifs dans le meilleur restaurant du pays. (p. 109)

Brutus Le sens du détail, des influences nordiques diverses et des vins naturels. (p. 109)

Bass Une adresse discrète, un bel intérieur et un menu simple mais de grande qualité. (p. 88)

Sentralen Restaurant Cadre fabuleux, personnel avenant et plats superbement exécutés. (p. 37)

Pjoltergeist Une cuisine fusion islando-coréenne dans un restaurant étonnant. (p. 88)

Smalhans Les habitués sont nombreux dans ce restaurant proposant un menu fixe. (p. 118)

Au Grand Café (p. 37)

Kolonialen Cuisine d'une qualité comparable à celle du Maaemo, dans un joli restaurant de quartier. (p. 116)

Norvégien traditionnel

Grand Café L'adresse préférée de Henrik Ibsen sert aujourd'hui une cuisine raffinée. (p. 37)

Olympen Tous les classiques norvégiens riches en protéines et quelques surprises contemporaines. (p. 110)

Theatercafeen Une adresse pas totalement traditionnelle mais parfaite pour une soupe de poisson ou des langoustines à la mayonnaise. (p. 41)

Syverkiosken Le paradis du *pølse* (hot dog), enveloppé dans la traditionnelle galette aux pommes de terre et accompagné de tout ce qu'il faut. (p. 89)

Pizzas

Sentralen Cafeteria Pizzas à partir de 16h, sur une pâte au levain incroyable. (p. 39)

Villa Paradiso Il y a toujours la queue devant cette institution de Grünerløkka. (p. 90)

Kunstnernes Hus À côté d'un parc et au cœur d'une institution culturelle gérée par des artistes. (p. 119)

Burgers

Munchies Un incontournable de Grünerløkka, toujours bondé. (p. 90)

Wünderburger Bœuf de Lofoten et burgers à composer soi-même. (p. 90)

Illegal Burgers Steaks hachés grillés au feu de bois et frites irrésistibles. (p. 40)

Envie de... Bars et cafés

Oslo dispose d'un choix ahurissant de bars et de pubs, des vieux troquets bruyants aux établissements servant les meilleurs vins du monde. Si vous avez plutôt envie d'un shoot de caféine, Tim Wendelboe est l'un des plus grands noms de la planète en matière de café. Au cours des dix dernières années, il a été rejoint par une floppée de torréfacteurs et de baristas. Avant cela, le café était préparé avec un filtre et servi noir, dans une grande tasse, et c'est ainsi que de nombreux Norvégiens continuent de l'apprécier.

Les quartiers

Les rues les plus animées de la ville se trouvent à Grünerløkka, autour de Thorvald Meyers gate et de Torggata, après le pont traversant l'Akerselva. Le quartier autour de Youngstorget compte certains des établissements les plus populaires à proximité du centre-ville. Les nouveaux aménagements d'Aker Brygge ont apporté davantage d'animation nocturne en bord de mer. Dans les quartiers de Grønland et Tøyen, l'ambiance est cosmopolite et alternative. St Hanshaugen offre un bon choix d'établissements discrets et gentiment branchés, notamment autour d'Ullevålsveien.

Et maintenant jouez !

Les jeux collectifs font partie intégrante de la vie nocturne norvégienne. Selon les habitants eux-mêmes, cette habitude est liée à leur timidité. Jouer permet de se concentrer sur quelque chose avant que le vin, la bière ou les cocktails ne désinhibent suffisamment pour engager une conversation.

Cocktails

Torggata Botaniske Un bar abritant une kyrielle de plantes vertes et aromatiques. (p. 94)

Fuglen Variations néo-nordiques du cocktail, avec alcools insolites et plantes sauvages. (p. 119)

Vingen Boissons créatives dans un cadre idyllique au bord de l'eau. (p. 60)

Himkok Des cocktails à la pression, littéralement. (p. 43)

Bettola Meilleur Negroni d'Oslo et une superbe déco années 1950. (p. 96)

Bars à vins

Territoriet *Le* spécialiste du vin servi au verre, avec 300 crus au choix. (p. 94)

Rouleurs of Oslo Un bel hommage aux producteurs les plus

Fuglen (p. 119)

intéressants de France et d'Italie. (p. 119)

Champagneria Vins mousseux français, italiens et espagnols (avec des tapas) dans Frogner. (p. 78)

Dr Kneipp's Vinbar Une adresse prisée des amateurs de vin. Et des assiettes simples mais excellentes. (p. 90)

Bières

Grünerløkka Brygghus Une microbrasserie légendaire. On y sert tout, des pilsners à la *Weißbier* en passant par les bières de Noël. (p. 96)

Røør Vinyles, snacks et plus de 70 bières à la pression. (p. 44)

Crowbar & Brewery Bières brassées sur place et large sélection de bières norvégiennes à la pression. (p. 95)

Jouez, buvez !

Kulturhuset Une des salles de jeux de palet les plus belles et les plus fréquentées de la capitale. (p. 42)

Oslo Camping Une petite partie de minigolf ? Des Norvégiens ivres, des clubs en métal et des balles ultra dures… Pas de panique ! (p. 44)

Mir Quand le commun des mortels s'adonne aux sports collectifs, les fidèles du Mir pratiquent la danse interprétative. (p. 94)

Paul's Boutique Ping-pong et hip-hop vont de pair dans ce bar de quartier ultra décontracté. (p. 85)

Cafés

Tim Wendelboe L'adresse du coin de la rue, mais un café d'une incroyable qualité. (p. 94)

Supreme Roastworks Des brûloirs à l'arrière, de sympathiques baristas à l'avant. (p. 85)

Handwerk Uniquement du café filtre, préparé avec les meilleurs grains de la ville. (p. 109)

Fuglen Dans un beau bar des années 1960 ; délicieux café et service irréprochable. (p. 119)

Java Espressobar L'adresse phare de St Hanshaugen, un bel espace lumineux où l'on sert un café divin. (p. 121)

Hendrix Ibsen Bon café, vinyles et snacks sains, le tout au bord de la rivière. (p. 96)

Envie de... Shopping

Dans le centre, les rues Kirkegata, Prinsens gate et Nedre Slottsgate concentrent un large choix d'enseignes scandinaves et internationales de mode et de décoration. On trouve quelques adresses haut de gamme dans les quartiers de Frogner et de St Hanshaugen. Pour le vintage et la mode scandinave, allez plutôt à Grünerløkka.

Design et stylisme norvégiens

Utopia Retro Modern L'une des meilleures boutiques de déco vintage de la ville. (p. 78)

Fuglen Dans ce café et bar à cocktails, on peut aussi acheter de fabuleuses pièces norvégiennes vintage et rééditées. (p. 119)

FWSS La boutique vitrine de cette marque norvégienne, fer de lance du style scandinave. (p. 46)

Norwegian Rain Cette marque créée à Bergen propose des vêtements très tendance adaptés à tous les climats. (p. 45)

Ensemble Un bel éventail de créateurs locaux sélectionnés avec soin. (p. 99)

À boire et à manger

Gutta På Haugen Une caverne d'Ali Baba renfermant des spécialités norvégiennes de grande qualité, des fromages locaux et importés, de la charcuterie et des produits d'épicerie fine. (p. 121)

Gulating Grünerløkka La plus grande sélection de bières en Norvège. (p. 101)

Vinmonopolet Le *seul* endroit où l'on peut acheter du vin à Oslo. (p. 101)

Livres et disques

Cappelens Forslag Ouvrages cultes et éditions originales, dont beaucoup en anglais. (p. 99)

Tronsmo Le rendez-vous des amateurs de littérature, avec une bonne sélection de livres en anglais, un rayon LGBT très fourni et des BD au sous-sol. (p. 45)

Nomaden Des guides, des cartes et tous les indispensables pour voyager. (p. 78)

Envie de... Architecture

Oslo est en plein boom et se transforme à vue d'œil ! Des bâtiments emblématiques sont sortis de terre ; les zones industrielles de Bjørvika et d'Aker Brygge ont été réhabilitées. Le contraste est fort avec les belles rues historiques du XVIIe siècle, les grands axes tracés au XIXe siècle et les bijoux de style fonctionnaliste (ou Oslofunkis) du XXe siècle.

B AA SÆTRENES/GETTY IMAGES ©

Bâtiments historiques

Château d'Akershus Un palais Renaissance avec des donjons médiévaux. (p. 36)

Cathédrale d'Oslo Bel intérieur baroque, fresque moderniste au plafond et vitraux d'Emanuel Vigeland. (p. 35)

Musée du Folklore norvégien Panorama de l'architecture traditionnelle de la Norvège dans un parc immense. (p. 58)

Palais royal De la brique et du stuc jaune pâle, et une façade néoclassique remarquablement sobre. (p. 28)

Musée Ibsen Une belle et rare occasion de découvrir un intérieur de la fin du XIXe siècle, dans une maison où vécut le plus célèbre dramaturge du pays. (p. 34)

Édifices du XXe siècle

Rådhus La façade et l'intérieur de style fonctionnaliste tardif de l'hôtel de ville sont un peu pompeux mais superbes. (p. 36)

Internasjonalen Un bar dans un édifice de style fonctionnaliste, ancien théâtre et QG du parti travailliste norvégien. (p. 31)

Ekebergrestauranten Un joyau du début du fonctionnalisme dans un cadre sublime. (p. 109)

Architecture contemporaine

Opéra national de Norvège L'agence d'architecture Snøhetta, basée à Oslo, a marqué les esprits avec cette fabuleuse construction sur le front de mer. (p. 48)

Musée Astrup Fearnley L'édifice de Renzo Piano rappelle l'emplacement d'origine du musée, sur les quais. (p. 52)

The Thief Un glamour sombre enveloppe l'hôtel design le plus prisé de la capitale, réalisation de Mellbye Architects. (p. 145)

Sentralen Fabuleuse rénovation d'une ancienne banque, mêlant habilement les éléments contemporains à ceux du XIXe siècle. (p. 30)

Tremplin de saut à ski de Holmenkollen S'élançant vers le ciel, cette structure courbe en aluminium et en verre a été conçue par Julien de Smedt Architects, en 2011. (p. 80)

Envie de... Musées et galeries

Il y a autant de musées à Oslo que dans des villes beaucoup plus grandes ! Et l'éventail est incroyable, des grandes institutions aux collections privées en passant par les galeries d'art et les petits musées-maisons. Voilà donc de quoi satisfaire votre curiosité pendant des journées entières. La plupart des musées se trouvent dans le centre-ville et sur la péninsule de Bygdøy.

Une péninsule, des musées

Bygdøy compte plusieurs musées éparpillés sur la péninsule, mais une agréable promenade vous mènera de l'un à l'autre. Si vous n'avez pas envie de marcher ou si vous êtes tenté par un trajet en ferry, vous pourrez prendre le bateau entre le musée des Bateaux vikings et celui de la Marine norvégienne.

La tournée des galeries

Les galeries les plus avant-gardistes de la capitale sont installées à Grünerløkka (comme la faculté d'art et de nombreux acteurs du monde de la création). Pas très loin, le quartier de Grønland compte aussi de nombreuses galeries.

Et bientôt...

Il y a plus de dix ans, la Galerie nationale, le musée national d'Art contemporain, le musée des Arts décoratifs et du Design et le musée de l'Architecture ont fusionné et commencé leur transition vers un Musée national (Nasjonalmuseet) dédié à l'art sous toutes ses formes. En construction à côté du Rådhus et prévu pour ouvrir en 2020, ce super-musée créera un pont naturel entre les nouveaux quartiers aménagés au bord de l'eau et le centre-ville.

Musées d'art

Galerie nationale *Le Cri* d'Edvard Munch et la plus importante collection d'art moderne et traditionnel du pays. (p. 24)

Musée Astrup Fearnley Une collection d'art contemporain comprenant des œuvres d'artistes mondialement célèbres dans un édifice signé Renzo Piano. (photo ci-dessus ; p. 52)

Musée Munch Un nombre incroyable d'œuvres de Munch rassemblées sous le même toit. (p. 108)

Dans le musée des Bateaux norvégiens (p. 54)

Galeries d'art contemporain

Rod Bianco Des œuvres provocatrices d'artistes contemporains norvégiens et internationaux, notamment de l'enfant rebelle du pays, Bjarne Melgaard. (p. 85)

Standard Matias Faldbakken, le chouchou du monde de l'art à Oslo, expose dans cette galerie avant-gardiste divisée en deux espaces. (p. 87)

vi, vii Des artistes locaux en devenir dans un édifice des années 1930. (p. 35)

Culture norvégienne

Musée des Bateaux vikings Seulement trois navires, mais qui ont tant à dire… (p. 54)

Musée de la Marine norvégienne La riche histoire maritime de la Norvège présentée dans le cadre sublime du fjord d'Oslo. (p. 58)

Musée Ibsen Une présentation très réussie de la vie et de l'œuvre d'un des meilleurs dramaturges du monde. (p. 34)

Vaut le détour

Le **Centre d'art Henie-Onstad** (Henie-Onstad Kunstsenter ; ☎67 84 48 80 ; www.hok.no ; Høvikodden ; adulte/enfant 100 NOK/gratuit ; 🕐11h-17h mar-dim ; 🚇Blommenholm) conserve une superbe collection d'art moderne norvégien et international, dont des œuvres de Joan Miró et de Pablo Picasso. Les expositions temporaires méritent aussi une visite. Le musée se trouve à 15 minutes de voiture du centre. On peut aussi y aller avec le bus n°160 jusqu'à Høvikodden depuis la gare routière d'Oslo.

Envie de... Concerts

Beaucoup de villes plus grandes qu'Oslo peuvent envier la scène musicale de la capitale norvégienne, où l'on peut assister à des concerts presque tous les soirs, tout au long de l'année. Il y a des salles partout, en particulier à Vulkan, Grünerløkka et Grønland. L'opéra, la musique et la danse classiques ou contemporaines sont aussi bien représentés.

Petites salles et clubs

Kafe Hærverk La programmation électro et indé la plus stimulante d'Oslo avec, en prime, de fabuleux cocktails. (p. 85)

Blå Un club légendaire pour le hip-hop, le jazz, les big bands, l'électro et bien plus encore. (p. 98)

Revolver Excellente petite salle avec des groupes locaux et internationaux presque tous les soirs. (p. 98)

Gloria Flames Un club de rock classique. (p. 111)

Têtes d'affiche

Parkteatret Artistes locaux et internationaux dans un ancien théâtre à Grünerløkka. (p. 98)

Rockefeller Music Hall Une étape obligatoire pour les spectacles en tournée. (p. 98)

Oslo Spektrum Grande salle accueillant des têtes d'affiche. (p. 99)

Dance et électro

Blå Célèbre pour ses soirées clubbing éclectiques. (p. 98)

Kafe Hærverk Le meilleur lieu pour de l'électro en live. (p. 85)

Mono Cette salle de concerts organise aussi des soirées électro. (p. 31)

Musique classique et théâtre

Opéro national de Norvège Un lieu extraordinaire pour assister à un opéra ou à un ballet. (p. 48)

Théâtre national Pièces de théâtre et concerts. (en photo ci-dessus ; p. 44)

Envie de...

Oslo avec des enfants

Oslo est une destination parfaite pour les familles. Les petits voyageurs seront bien accueillis dans les hôtels, les restaurants et les sites touristiques. La plupart des parents habitant Oslo vous diront que les meilleures activités sont souvent les plus simples, qu'elles sont gratuites et ne manquent pas.

Musées

Musée des Bateaux vikings Des navires très bien conservés. (p. 54)

Musée du Kon-Tiki De quoi émerveiller à coup sûr les explorateurs en herbe. (p. 59)

Muséum d'histoire naturelle Animaux arctiques empaillés et serres tropicales. (p. 108)

Forteresse d'Akershus Les fortifications et les canons éveillent toujours l'imagination. (p. 26)

Musée du Folklore norvégien Les reconstitutions historiques plairont à tous. Activités pour les enfants le week-end et pendant les vacances. (p. 58)

Au grand air

Frognerparken Ici, rien n'interdit d'escalader les statues, ni de courir dans le labyrinthe en mosaïque. (p. 70)

Parc de St Hanshaugen Immense parc offrant un beau point de vue, dans un quartier très familial. (p. 116)

Plage de Tjuvholmen Les plus jeunes pataugent dans le fjord d'Oslo ; les plus grands admirent des sculptures contemporaines. (photo ci-dessus ; p. 59)

Petits gastronomes

Villa Paradiso La pizza est une valeur sûre ; cette adresse prisée des familles ouvre tôt. (p. 90)

Baker Hansen De quoi ravir les enfants : petits pains à la cannelle, génoises à la crème, sandwichs fromage-salade, etc. (p. 117)

Mathallen Oslo Tout le monde trouvera son bonheur dans ce grand espace dédié à la gastronomie. (p. 89)

Munchies Sympathique bar de quartier spécialiste des burgers. (p. 90)

Sentralen Cafeteria Les chaises hautes Stokke attendent vos chérubins. Délicieux café, salades servies toute la journée et pizzas en début de soirée. (p. 39)

NENAD NEDOMACKI/SHUTTERSTOCK ©

À savoir

- Vous trouverez une baby-sitter expérimentée via Barnepasseren (www.barnepasseren.no).
- La plupart des musées exigent que les parents utilisent les poussettes de l'établissement, donc mieux vaut prévoir la visite avant la sieste.

Envie de...
Oslo gratuit

Oslo est une ville incroyablement chère et les tarifs des musées peuvent vraiment grever le budget, même avec l'Oslo Pass... On trouve toutefois quelques activités gratuites.

L'appel de la forêt

Au nord d'Oslo, Nordmarka est une région d'immenses forêts de pins parfaitement préservées. Aucune autre capitale européenne ne possède un terrain de jeux aussi vaste et sauvage ! En été, on profite de plus de 1 200 km de sentiers de randonnée : l'occasion de ramasser des myrtilles, d'observer les élans et de se baigner dans le plus simple appareil.

Les îles du fjord d'Oslo

Les îles du fjord font d'agréables excursions. En particulier l'île sauvage de Langøyene qui offre d'excellentes possibilités de baignade depuis ses plages de sable ou de rochers ; le camping sauvage y est autorisé.

À savoir

- Les ferrys pour les îles partent du quai Vippetangen. Beaucoup de trajets sont inclus dans les pass des transports en commun.
- Il est facile d'aller à Nordmarka en T-bane.

Forteresse d'Akershus Une forteresse médiévale et un panorama superbe sur la ville et le fjord d'Oslo. (p. 26)

Opéra national de Norvège Faites un tour sur le toit, profitez de la vue, puis jetez un œil au superbe hall à l'intérieur. (p. 48)

Rådhus L'hôtel de ville est un point de repère dans la ville et abrite de belles œuvres d'art des années 1950. (p. 36)

Parc de sculptures Vigeland Un immense parc, 212 sculptures et un lac : des heures de distraction ! (p. 66)

Slottsparken Les jardins entourant le Palais royal méritent que l'on y passe quelques heures. (p. 34)

Jardin botanique Vous pourrez vous passionner pour la collection d'arbres rares du monde entier ou pique-niquer au milieu des parterres fleuris. (p. 108)

Parlement Un beau bâtiment et une visite passionnante. (p. 37)

Akerselva Autrefois polluée par les rejets industriels, la rivière Akerselva offre désormais un cadre sauvage, avec des rapides, des cascades et des berges boisées. (p. 87)

Envie de... Parcs

Les magnifiques parcs d'Oslo paraissent très naturels tout en étant entretenus avec beaucoup de soin. Une combinaison toute norvégienne... Dès que le soleil pointe son nez, les habitants investissent les pelouses pour se détendre, pique-niquer et parfois ôter quelques vêtements pour bronzer.

Œuvres d'art en plein air

Parc de sculptures de Tjuvholmen Si vous manquez de temps pour découvrir les collections d'art de la ville, choisissez ce parc. Décontraction garantie et vue sur le fjord d'Oslo en prime. (p. 57)

Frognerparken Bien sûr, on vient là pour le parc de sculptures Vigeland et découvrir les nombreuses œuvres de Gustav Vigeland. Mais le parc lui-même est un endroit formidable pour se balader. (photo ci-dessus ; p. 70)

Ekebergparken D'épais bosquets, des prairies verdoyantes et du relief : cela suffirait à attirer les promeneurs, mais ce parc cache en plus de fantastiques œuvres d'art contemporain. (p. 107)

Parcs de quartier

Jardin botanique Un très beau lieu, paisible, avec des arbres rares, un musée et même des œuvres d'art. (p. 108)

Parc de St Hanshaugen Un vaste espace vert, idéal pour les familles, se détendre, avec des points de vue exceptionnels. (p. 116)

Akerselva Cette rivière qui traverse la ville est bordée par de beaux espaces verts et par les jolis versants verdoyants du parc Grünerhagen. (p. 87)

NENAD NEDOMACKI/SHUTTERSTOCK ©

Pause gourmande

Ekebergrestauranten Cadre paisible et verdoyant l'été, panorama grandiose depuis la terrasse. (p. 109)

Handwerk Le café du jardin botanique est un des endroits les plus enchanteurs de la ville pour un café et un gâteau. (p. 109)

Vingen Une belle vue, des petites assiettes délicates et des cocktails subtils. Le tout à côté du musée Astrup Fearnley. (p. 60)

Gutta På Haugen Composez un pique-nique dans cette très bonne épicerie ou prenez une glace à emporter, puis allez explorer le parc de St Hanshaugen. (p. 121)

Envie de... Circuits organisés

De nombreuses visites organisées permettent de découvrir la culture et l'histoire d'Oslo. Il est intéressant d'y participer car, même s'il est très facile d'explorer seul la capitale norvégienne, son passé n'est pas aussi connu que celui des autres grandes villes européennes.

Excursions en bateau

Les circuits en bateau dans le fjord d'Oslo comprennent différents sites du front de mer et les musées de la péninsule de Bygdøy. Certains ciblent spécifiquement l'architecture. On peut aussi créer son propre itinéraire, par exemple les îles et les plages, en empruntant les ferrys au départ de l'embarcadère de Vippetangen.

Enquête policière

Pour les amateurs de romans policiers norvégiens, certains circuits suivent les traces du détective Harry Hole, héros des livres de Jo Nesbø. Renseignez-vous auprès de l'office du tourisme d'Oslo (p. 149) sur les différents prestataires.

À pied ou à vélo

Les vététistes s'en donneront à cœur joie dans l'arrière-pays d'Oslo. L'office du tourisme distribue gratuitement des cartes. *Sykkelkart Oslo* indique les chemins et pistes cyclables aménagés dans la capitale et *Idrett og friluftsliv i Oslo* couvre l'arrière-pays d'Oslo. Il y a aussi une brochure appelée *Opplevelsesturer i Marka,* qui présente six itinéraires de vélo ou marche à pied envisageables au départ d'Oslo. Renseignez-vous aussi sur les balades guidées sur ces chemins ou dans la campagne alentour.

Nos préférés...

Viking Biking Ces circuits à vélo passent par les sites touristiques, mais aussi par de jolis parcs, des ruelles, et même, plus loin, des forêts et des plages. (p. 37)

Oslo Promenade Sympathiques et drôles, les guides présentent les sites du centre-ville à travers de nombreuses anecdotes du folklore local. (p. 37)

Båtservice Sightseeing Différents circuits : des excursions courtes comme des sorties à la journée sur une goélette traditionnelle. Certains permettent de monter et descendre comme on le désire. (p. 59)

Carnet pratique

Carnet pratique

Avant de partir

Quand partir

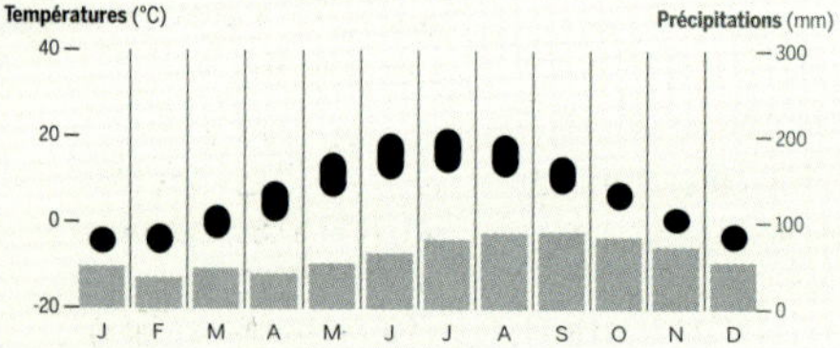

Printemps En avril et en mai, les parcs se couvrent de fleurs ; et la fête nationale attire les foules.

Été Les jours sont plus longs ; les plages et les parcs du fjord d'Oslo sont pris d'assaut.

Automne La programmation culturelle de l'été déborde sur l'automne, avec concerts et autres manifestations.

Hiver Décembre signe l'arrivée des premières neiges ; les marchés et les concerts de Noël créent une ambiance féerique.

Hébergement

- Oslo compte une granc variété d'hébergements : auberge de jeunesse, chaînes d'hôtels, adresse design de luxe, etc.
- De plus en plus de petit B&B et locations privées soit plus de charme à des tarifs intéressants (mais rarement bon marché).
- Confortables et bien tenus, les hôtels sont toutefois souvent insipide et (bien sûr) plus chers qu dans beaucoup de pays.
- Les petits-déjeuners servis à l'hôtel sont copieux et de plus en plu souvent inclus dans le prix ; vérifiez quand mêm
- La plupart des hôtels disposent du Wi-Fi.

Sites web

- **B&B Norway** (www.bbnorway.com). Le site des B&B en Norvège.
- **Lonely Planet** (lonelyplanet.fr/hotels). Réservations en ligne.

etits budgets

keberg Camping
ılan p. 106, C4 ; ✆ 22 19 5 68 ; www.ekebergcamping. o ; Ekebergveien 65 ; tente /4 pers 220/330 NOK ; juin-août ; P ; Ekebergparken). Un uperbe site, à quelques ıinutes de la ville.

ochs Pensjonat
ılan p. 73, E5 ; ✆ 23 33 4 00 ; www.cochspensjonat. o ; Parkveien 25 ; s/d vec kitchenette à partir e 710/940 NOK, sans sdb 40/750 NOK ; ; 17B). ne pension à l'ancienne t lumineuse dans le uartier de Frogner.

nker Hostel (plan p. 86, 4 ; ✆ 22 99 72 00 ; www. ıkerhostel.no ; Storgata 55 ; ort 260-300 NOK, s/d 20/900 NOK ; ; 54). ne auberge de jeunesse ien tenue et bien située dans Grünerløkka).

atégorie moyenne

otell (plan p. 86, B3 ; 23 15 65 00 ; www.pshotell. ı ; Maridalsveien 13c ; s/d/ste 75/1 390/1 500 NOK ; ; 54). Un bel hôtel de style dustriel, fonctionnel, ans Grünerløkka.

candic Holmenkollen ark (✆ 22 92 20 00 ; ww.holmenkollenparkhotel. no ; Kongeveien 26 ; s/d 1 400/1 650 NOK ; P ; Holmen). Un bâtiment historique et luxueux, à l'extérieur de la ville, une vue superbe.

Citybox Oslo (plan p. 32, D5 ; ✆ 21 42 04 80 ; www. citybox.no/oslo ; Prinsens gate 6 ; s/d 920/1 045 NOK ; ; Dronningens Gate). Chambres simples de style scandinave et un emplacement fabuleux.

Catégorie supérieure

The Thief (plan p. 56, D3 ; ✆ 24 00 40 00 ; www. thethief.com ; Landgangen 1 ; d 2 900-4 000 NOK ; ; Aker brygge). La référence à Oslo en matière de luxe. Œuvres d'art contemporain, déco sublime et vue sur l'eau.

Grand Hotel (plan p. 32, C4 ; ✆ 23 21 20 00 ; www. grand.no ; Karl Johans gate 31 ; d 1 890-2 800 NOK ; P ; T Stortinget). Des chambres classiques et sans chichis, dans un cadre historique.

Scandic Vulkan (plan p. 86, B3 ; ✆ 21 05 71 00 ; www.scandichotels.com ; Maridalsveien 13 ; d 1 395-1 700 NOK ; 54). Belle déco scandinave. Un hôtel contemporain chaleureux dans un quartier branché.

Un fil d'Ariane en voyage

Vous êtes ressortissant français ? Enregistrez-vous sur le **portail Ariane** (pastel.diplomatie.gouv.fr/fildariane) du ministère des Affaires étrangères. Ce service gratuit vous permet de recevoir des alertes si la situation le justifie. Crise politique, catastrophe naturelle, attentat... recevez en temps réel des consignes de sécurité lors de votre voyage. Il existe une application pour les Smartphones et les tablettes, intitulée *Conseils aux voyageurs*.

Arriver à Oslo

Depuis l'aéroport Oslo-Gardermoen

➡ **Train** Le **Flytoget** (www.flytoget.no ; adulte/enfant 180/90 NOK) se rend à la gare centrale d'Oslo en 19 minutes. Il circule entre

À savoir

Merci ! Dans les magasins et les restaurants, le *tusen takk* (merci beaucoup) est toujours apprécié, même si vous utilisez l'anglais pour le reste.

Savoir-vivre Les Norvégiens sont globalement réservés et d'une politesse irréprochable.

Égalité En Norvège, les garçons sont élevés dans le plus grand respect des femmes. Dans les bars et ailleurs, ces dernières doivent souvent faire le premier pas.

Discrétion Les Norvégiens supposent que tout va bien tant qu'on ne leur demande rien. Mais si vous faites appel à eux, ils seront ravis de vous aider.

4h40 et minuit, départ toutes les 10 à 20 minutes. Certains trains s'arrêtent à la gare centrale ; d'autres continuent jusqu'au Théâtre national, avec un terminus à la gare de Drammen, au sud.

Les Intercités et les trains locaux **NSB** (www.nsb.no) s'arrêtent à Gardermoen (93 NOK, à partir de 26 minutes, départs toutes les heures, plus rares le samedi). On peut les prendre dans plusieurs stations centrales, dont celles de Nationalteatret et Oslo S. Ils coûtent moitié moins cher que le Flytoget, et sont presque aussi rapides. Seul inconvénient, ils sont moins fréquents.

➡ **Bus** Des liaisons entre l'aéroport et la gare routière Galleri Oslo, via quelques arrêts en ville, sont assurées par **Flybussen** (www.flybussen.no ; 160 NOK). Départs toutes les 20 minutes entre 4h et 22h. Les horaires varient un peu selon le jour de la semaine ; voir le site Internet. Comptez 40 minutes environ.

Depuis la France

➡ Plusieurs vols directs pour Oslo sont proposés chaque semaine par **Air France** (www.airfrance.fr) depuis Paris et par **SAS** (www.flysas.com) depuis Paris et Nice. La compagnie low-cost **Norwegian** (www.norwegian.com) assure une liaison directe plusieurs fois par semaine entre Paris, Nice et Oslo, ainsi qu'avec Bordeaux et Bastia d'avril à octobre.

➡ En réservant votre vol très en avance, vous pouvez trouver un aller-retour pour une centaine d'euros, même sur les compagnies classiques.

➡ Il faut 2 heures 20 pour voler de Paris à Oslo, 2 heures 55 depuis Nice.

Depuis la Belgique

➡ **Brussels Airlines** (www.brusselsairlines.com) et **SAS** (www.flysas.com) proposent plusieurs vols hebdomadaires directs entre Bruxelles et Oslo.

➡ Comptez au minimum 160 € pour un aller-retour. Le vol entre Bruxelles et Oslo dure 2 heures.

Depuis la Suisse

➡ **Swiss** (www.swiss.com) assure plusieurs vols directs par semaine entre Zurich et Oslo. **SAS** (www.flysas.com) propose des vols directs plusieurs fois par semaine également depuis Zurich, Genève et Lugano. La compagnie low-cost **Norwegian** (www.norwegian.com) vole de Genève à Oslo trois fois par semaine.

Il faut compter environ heures 30 de vol entre Suisse et Oslo. Un ler-retour low-cost ːservé très en avance ɔûte environ 140 CHF, ɹ moins 200 CHF pour ı vol régulier.

epuis le Canada

Il n'y a pas de liaison recte entre le Canada : Oslo. Selon la ɔmpagnie empruntée ɔus transiterez par une ·ande ville américaine ɹ européenne.

Comptez au minimum ɔ00 C$ et une dizaine heures de vol.

epuis embarcadère e Vippetangen

es ferrys **DFDS eaways** (plan p. 32, D7 ; ·ww.dfdsseaways.com ; ɔpetangen 2 ; 60) lient quotidiennement slo au Danemark. Ils ırtent de l'embarcadère ː Vippetangen, près ː Skippergata. Le bus 60 s'arrête à quelques inutes de marche.

epuis la gare ›utière alleri Oslo

·s bus internationaux et ıgue distance transitent par la gare routière **Galleri Oslo** (plan p. 106, B2 ; ✆23 00 24 00 ; Schweigaards gate 8 ; T Sentralstasjon). Les gares ferroviaire et routière sont reliées par une passerelle.

Comment circuler

Tickets

Le réseau de transports en commun d'Oslo est géré par **Ruter** (ruter.no/en). Les tickets sont utilisables sur l'ensemble du réseau (tramway, T-bane, bus et ferry), à l'exception des trajets vers l'aéroport et du ferry vers Bygdøy.

Un ticket pour la zone 1 (qui couvre le centre-ville) coûte 33/167 NOK par adulte/enfant quand on l'achète à l'avance dans les distributeurs du T-bane, dans les 7-Eleven, les Narvesen ou **Trafikanten** (plan p. 32, D4 ; ✆177 ; www.ruter.no/en ; Jernbanetorget ; 7h-20h lun-ven, 8h-18h sam-dim).

Les titulaires de l'Oslo Pass peuvent circuler gratuitement sur tous les itinéraires dans le centre.

Tramway

Le réseau est étendu et fonctionne 24h/24. Comme sur les autres réseaux de transports en commun, il faut être muni d'un ticket Ruter. Les horaires et itinéraires sont disponibles en ligne ou auprès de Trafikanten.

T-bane

Le Tunnelbanen (ou T-bane), le métro d'Oslo, compte six lignes. Le réseau est plus étendu que celui des bus et des trams. Et surtout, c'est un moyen de transport bien plus rapide.

Toutes les lignes passent par les stations Stortinget, Nationaltheatret et Jernbanetorget (à destination d'Oslo S).

Vélo

Le système de vélos en libre-service d'**Oslo City Bike** (✆915 89 700 ; oslobysykkel.no) permet de faire un nombre illimité de trajets pendant 45 minutes. Après, il faut reposer son vélo pour, éventuellement, en prendre un autre. Il y a des stations dans toute la ville. Les vélos sont pratiques et bien entretenus, mais uniquement disponibles entre 6h et minuit durant la période "hors glace" (avril-décembre). On peut prendre un forfait de 24 heures, 72 heures ou pour toute la saison (45/99/299 NOK). Les forfaits peuvent s'acheter sur le site Internet, via l'appli pour Smartphone, ou en obtenant un PIN depuis le site Internet.

Bus

Oslo n'a pas de gare routière centrale, mais quasi tous les bus convergent à Jernbanetorget, en face d'Oslo S. La plupart des bus desservant l'ouest de la ville, notamment Bygdøy et le parc Vigeland, s'arrêtent aussi juste au sud du théâtre national.

Le soir, les bus sont beaucoup moins fréquents qu'en journée. Les bus de nuit N12, N14 et N18 empruntent les itinéraires de tramway le week-end jusqu'à 4h du matin au minimum. Les lignes 201 à 218 circulent également de nuit le week-end.

Ferry

Des ferrys partent du quai Vippetangen pour les îles du fjord d'Oslo.

Le n°91 (☎ 23 35 68 90 ; achat à bord adulte/enfant 50/25 NOK, achat au guichet sur la jetée adulte/enfant 30/15 NOK, gratuit avec l'Oslo Pass) pour Bygdøy (mars-octobre uniquement) part de l'embarcadère de Rådhusbrygge (plan p. 33, B5).

Le n°62 relie Oslo à Drøbak et à d'autres sites du fjord, notamment Håøya, où l'on peut se baigner et camper. Départ de l'embarcadère d'Aker Brygge (plan p. 33, A5).

Infos pratiques

Argent

- La monnaie est la couronne norvégienne (NOK).
- Il y a beaucoup de banques équipées de DAB dans le centre-ville.
- Dans la plupart des boutiques, restaurants, bars et cafés, on préfère la carte bancaire aux espèces, même pour les petits sommes.

Carte de réductions

L'**Oslo Pass** (www.visitoslo.com/fr/activites-et-sites/oslo-pass ; 1/2/3 jours adulte 395/595/745 NOK, enfant 210/295/370 NOK), en vente à l'office du tourisme, est un bon moyen de réduire ses frais. Cette carte donne en effet un accès gratuit à la majorité des musées de la ville, ainsi qu'aux transports en commun dans l'agglomération (bus de nuit exceptés). Des réductions dans certains restaurants et s certains circuits organisé sont aussi accordées.

Électricité

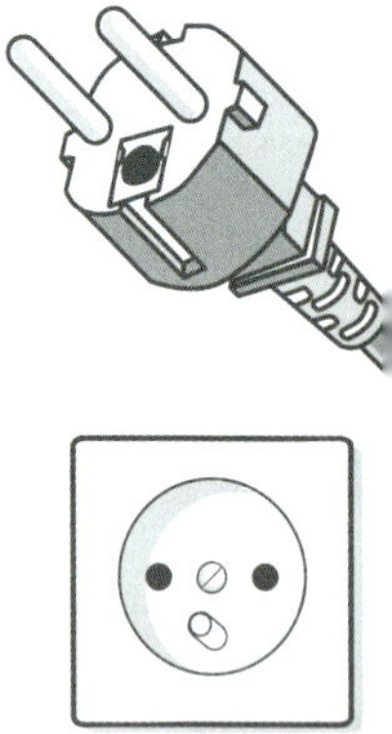

Type E
220V/50Hz

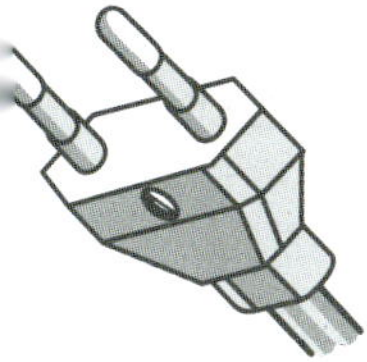

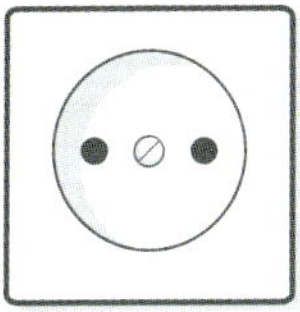

Type C
220V/50Hz

rmalités

s ressortissants de
'E et les Suisses n'ont
s besoin de visa pour
trer en Norvège. Une
rte nationale d'identité
un passeport en cours
validité suffisent.
Les Canadiens sont
spensés de visa pour
séjour inférieur
)0 jours. Ils devront
ésenter un passeport
cours de validité.

andicapés

De manière générale,
ılo est bien équipée
ur les voyageurs
ndicapés. Tous les
uveaux bâtiments ont
ligation de prévoir un
cès pour les personnes
fauteuil roulant.

- La plupart des grands sites touristiques possèdent au moins un accès équipé pour les fauteuils roulants.
- L'office du tourisme dispose d'une liste des hôtels et auberges de jeunesse équipés. Sinon, le plus simple est de contacter l'**Association norvégienne des personnes handicapées** (Norges Handikapforbund ; plan p. 106, A3 ; 24 10 24 00 ; www.nhf.no ; Schweigaards gate 12, Grønland ; 34).
- Les trains **Flytoget** (www.flytoget.no ; adulte/enfant 180/90 NOK) sont équipés pour les fauteuils roulants. Contactez un employé de la société ferroviaire pour actionner la rampe intégrée.
- Les tramways les plus récents sont bas de plancher et faciles d'accès pour les voyageurs handicapés.
- La plupart des carrefours de la ville sont équipés d'une rampe ou d'un trottoir abaissé, ainsi que d'un signal sonore pour traverser.

Heures d'ouverture

Les horaires suivants valent pour la haute saison (mi-juin à mi-septembre).

Banques 8h15-15h lun-mer et ven, 8h15-17h jeu

Bureaux de poste 8h-20h lun-ven, 9h-18h sam

Restaurants 12h-15h et 18h-23h

Magasins 10h-17h lun-mer et ven, 10h-19h jeu, 10h-14h sam

Supermarchés 9h-21h lun-ven, 9h-18h sam

Vinmonopolet 10h-17h lun-mer, 10h-18h jeu-ven, 10h-15h sam

Moins cher...

Si vous prévoyez de faire la fête, adoptez la technique du *forspill* norvégien, qui consiste à boire quelques verres avant de sortir. Ça peut être une bière achetée au supermarché, comme du vin ou un alcool fort acheté dans les Vinmonopolet, gérés par l'État.

Jours fériés

Nouvel An (Nyttårsdag) 1er janvier

Jeudi saint (Skjærtorsdag) mars/avril

Vendredi saint (Langfredag) mars/avril

Lundi de Pâques (Annen Påskedag) mars/avril

Fête du Travail (Første Mai, Arbeidetsdag) 1er mai

Fête de la Constitution/ Fête nationale (Nasjonaldag) 17 mai

Ascension (Kristi Himmelfartsdag) mai/ juin, 40e jour après Pâques

Lundi de Pentecôte (Annen Pinsedag) mai/ juin, 8e lundi après Pâques

Noël (Første Juledag) 25 décembre

Lendemain de Noël (Annen Juledag) 26 décembre

Office du tourisme

L'Oslo Visitor Centre (plan p. 32, E5 ; ☎81 53 05 55 ; www.visitoslo.com ; Jernbanetorget 1 ; ⌚9h-18h ; 🚉Sentralstasjon) se situe juste à côté de la gare principale. On peut y acheter des billets Ruter pour les transports en commun et le très utile Oslo Pass (p. 148). On y trouve aussi des brochures d'informations sur la ville gratuites.

Sécurité

➡ Oslo est une ville très sûre, où le nombre de délits sur la voie publique est très bas.

➡ L'est d'Oslo a mauvaise réputation et possède son lot de drogués et de sans-abri. En fait, le secteur n'est pas vraiment dangereux mais pas toujours rassurant en fin de soirée.

➡ Attention si vous envisagez de naviguer sur les cours d'eau d'Oslo ou de randonner dans les collines, car le temps peut changer très rapidement, même en été.

➡ Il est relativement facile de se procurer des drogues, mais leur consommation est illégale.

Téléphone

➡ **Pour appeler Oslo depuis l'étranger**
Composez le code d'accès international (☎00 ou ☎011 depuis le Canada) + l'indicatif de la Norvège ☎47 + le numéro de votre correspondant.

➡ **Pour téléphoner d'Oslo vers l'étranger**
Composez le ☎00 + l'indicatif du pays + le numéro de votre correspondant sans le 0 initial pour la France, la Belgique et la Suisse.

➡ Pour passer un appel à Oslo, composez le numéro local à 8 chiffres.

➡ Si vous voulez utiliser votre Smartphone, renseignez-vous auprès de votre opérateur sur l'option "international". Pensez à désactiver les données mobiles et connectez-vous sur le Wi-Fi. Vous pouvez aussi acheter une carte SIM locale prépayée. Voir p. 16.

Toilettes

Vous trouverez des toilettes publiques (souvent appelées WC) à proximité de la plupart des sites touristiques.

angue

langue officielle de la Norvège est norvégien, qui fait partie des langues rmaniques du Nord (ou langues andinaves).

Il existe deux formes officielles la langue écrite, le *bokmål* angue des livres") et le *nynorsk* nouveau norvégien"). Ces langues ressemblent et sont comprises par us. Elles constituent des normes ur la communication écrite (écoles, ministrations et médias), alors que langue orale comprend de nombreux alectes locaux. Le *bokmål* prédomine ns les villes, le *nynorsk* est plus urant dans les fjords de l'Ouest les montagnes du Centre. Sur 5 millions de locuteurs norvégiens, estime que 85% utilisent le *bokmål* 15% le *nynorsk*. Dans ce chapitre, ul le *bokmål* est indiqué.

rmules courantes

njour	*God dag*	gou·*daag*
revoir	*Ha det*	*ha*·de
ii	*Ja*	*yaa*
on	*Nei*	*né*
erci	*Takk*	*taak*

il vous plaît
er så snill — veyr sau snil

vous en prie
gen årsak — ing·an *au*·chaak

cusez-moi
nskyld — *un*·chil

solé(e)
klager — bek·*laga*

Comment allez-vous ?
Hvordan har du det ?
vor·dan haar du de

Bien, merci. Et vous ?
Bra, takk. Og du ? — braa tak au du

Circuler

Où se trouve... ?
Hvor er... ? — vour ar...

Quelle est l'adresse ?
Hva er adressen ? — va ayr aa·*dre*·seyn

Pouvez-vous l'écrire, s'il vous plaît ?
Kan du skrive det? — kan du *skri*·ve de

Pouvez-vous me le montrer (sur la carte) ?
Kan du vise meg (på kartet) ? — kan du vi·se ma (pau *kar*·te)

Au restaurant

Une table pour..., s'il vous plaît.
Et bord til..., takk. — et baur til... tak

Que conseillez-vous ?
Hva vil du anbefale ?
va vil du *an*·be·fa·*le*

Qu'est-ce qu'il y a dedans ?
Hva inkluderer det ?
va in·klu·*dey*·re de

Je ne mange pas... (de viande).
Jeg spise ikke...(kjøtt).
yai (*spi*·se) *i*·key... (cheut)

L'addition, s'il vous plaît.
Kan jeg få regningen, takk.
kan yai fau *rai*·ning·en tak

Achats

Je cherche...
Jeg leter etter... cyai *ley*·ter e·*ter*

Puis-je le regarder ?
Kan jeg få se på det ?
kan yai fau se pau de

Combien cela coûte-t-il ?
Hvor mye koster det ?
vor *mi*·yé kos·ter de

Urgences

Au secours !
Hjelp ! yelp

Allez-vous-en !
Forsvinn ! faur·*svin*

Je suis perdu.
Jeg har gått meg vill.
yai har gaut mai vil

Appelez... !
Ring... ! ring

un médecin !	*en lege !*	en *le*·ge
la police !	*politiet !*	po·li·*ti*·ay

Heures et dates

Quelle heure est-il ?
Hva er klokka ? vaa eyr *klau*·ka

Il est (deux) heures.
Klokka er (to). *klau*·ka eyr (tau)

du matin
om formiddagen. aum *faur*·mi·dan

de l'après-midi
om ettermiddagen aum e·ter·mi·dan

1	*en*	éen
2	*to*	tou
3	*tre*	tréa
4	*fire*	*fii*·re
5	*fem*	fem
6	*seks*	seks
7	*sju*	chu
8	*åtte*	*aut*·te
9	*ni*	ni
10	*ti*	ti
100	*hundre*	*hun*·dre
1 000	*tusen*	*tu*·sen

Transports

Je veux aller à...
Jeg skal til... yai skaal til

À quelle heure arrive/part-il ?
Når ankommer/ går den ? naur *an*·kau·mer/ gaur den

S'arrête-t-il à (Majorstua) ?
Stopper denne på (Majorstua) ? *stau*·per *dey*·ne pa (maa·*your*·stu·a)

Pouvez-vous me prévenir...
Kan du si fra når... kan du si fraa naur

... quand nous arrivons à (Oslo) ?
... vi kommer til (Oslo) ?
vi *kau*·mer til (*os*·lau)

Arrêtez-vous ici, s'il vous plaît.
Vær så snill å stoppe her.
veyr sau snil au *sto*·pe heyr

un aller
enveisbillett en·veys·bii·*let*

un aller-retour
returbillett re·*tour*·bii·*let*

avion	*fly*	flou
bateau	*båt*	boot
bus	*buss*	bus
taxi	*drosje*	*dro*·cheu
train	*tåg*	taug

En coulisses

Vos réactions ?

Vos commentaires nous sont très précieux pour améliorer nos guides. Notre équipe lit vos lettres avec la plus grande attention et prend en compte vos remarques pour les prochaines mises à jour. Pour nous faire part de vos réactions, prendre connaissance de notre catalogue et vous abonner à notre newsletter, consultez notre site Internet : **www.lonelyplanet.fr**

Nous reprenons parfois des extraits de notre courrier pour les publier dans nos guides ou sites Web. Si vous ne souhaitez pas que vos commentaires soient repris ou que votre nom apparaisse, merci de nous le préciser. Notre politique en matière de confidentialité est disponible sur notre site Internet.

Remerciements

Photo de couverture : Opéra national de Norvège, Nanisimova/Shutterstock ©

Photo du sommaire : Aker Brygge, Kiev. Victor/Shutterstock ©

Un mot de l'auteure

Je suis infiniment reconnaissante à la ville d'Oslo, l'un des endroits les plus accueillants de la planète. Je dois beaucoup à Arvild Bruun et à Barry Kavanagh qui m'ont donné des conseils avisés et qui ont été d'excellente compagnie. Merci également à mon cher ami Daniel Nettheim pour ce week-end de balade, à Claudia Van Tunen pour son hospitalité, ainsi qu'à Chris Wareing, Mark Steiner et Hugo Race pour la musique. Enfin, comme toujours, toute ma gratitude à Joe Guario, à Melbourne, pour son soutien affectueux au téléphone.

À propos de cet ouvrage

Cette 1re édition du guide *Oslo en quelques jours* est une traduction-adaptation de la 1re édition de *Pocket Oslo*, publiée en anglais par Lonely Planet et rédigée par Donna Wheeler.

Traduction
Pierre-Yves Raoult et Jeanne Robert

Direction éditoriale
Didier Férat

Coordination éditoriale
Alice Kindmann-Martin

Responsable pré-presse
Jean-Noël Doan

Maquette
Valérie Police

Cartographie
Cartes originales adaptées en français par Nicolas Chauveau

Couverture
Adaptée en français par Laure Wilmot

Merci à Bernard Guérin pour sa relecture attentive du texte

Index

Voir aussi les index des rubriques :
Se restaurer p. 157
Prendre un verre p. 157
Sortir p. 158
Shopping p. 158

Références des **sites**
Références des **cartes**

L'auteure

Donna Wheeler

Donna écrit des guides pour Lonely Planet depuis plus de dix ans ; elle a entre autres contribué aux titres *Italie*, *Norvège*, *Belgique*, *Afrique*, *Tunisie*, *Algérie*, *France*, *Autriche* et *Australie*. Avant de devenir auteure, elle a occupé divers emplois : directrice éditoriale, directrice de création, chef de projet digital et responsable de contenu numérique. Donna est née et a grandi à Sydney, en Australie, mais elle est tombée amoureuse des rues pavées et du cosmopolitisme de Melbourne alors qu'elle était étudiante en art. Depuis plus de vingt ans, elle partage son temps entre Melbourne et sa ville natale adorée. Elle s'est aussi établie ponctuellement à Turin, Paris, Bordeaux, New York, Londres et dans la campagn irlandaise. Donna voyage énormément en Europe, en Afrique du Nord, aux États-Unis et en Asie.

Oslo en quelques jours
1re édition
Traduit et adapté de l'ouvrage *Pocket Oslo, 1st edition, April 2018*

Dépôt légal Mai 2018
ISBN 978-2-81617-109-9

Imprimé par L.E.G.O. Spa (Legatoria Editoriale Giovanni Olivotto), Italie

Bien que les auteurs et Lonely Planet aient préparé ce guide avec tout le soin nécessaire, nous ne pouvons garantir l'exhaustivité ni l'exactitude du contenu. Lonely Planet ne pourra être tenu responsable des dommages que pourraient subir les personnes utilisant cet ouvrage.

En Voyage Éditions | un département place des éditeurs